LE
GUIDE HISTORIQUE
DE PARIS

CONTENANT

Le Dictionnaire des rues de Paris, 1200 *Notices biographiques*,
Musées, Bibliothèques, Ministères, Ambassades, Théâtres,
Administrations publiques, Itinéraire des Omnibus, etc.

PAR

MARC DE ROSSIENY

PARIS

E. DENTU, ÉDITEUR,

PALAIS-ROYAL, 17 ET 19, GALERIE D'ORLÉANS
et chez l'auteur, 18, rue de l'Ancienne-Comédie.

1873

PRÉFACE

Les rues de l'ancien Paris tiraient leurs noms d'une enseigne, d'un hôtel, d'un propriétaire des terrains ou d'une industrie quelconque. Ces noms étaient bien souvent grossiers, ridicules ou obscènes; ils ont disparu en grande partie, et ont fait place à d'autres qui, par l'importance qu'on y attache, constituent de véritables monuments destinés à perpétuer la mémoire des hommes qui se sont distingués dans les sciences, les lettres, les arts, la guerre, l'administration, la magistrature, ou à consacrer le souvenir de grandes victoires et d'événements politiques.

J'ai réuni 1200 notices biographiques et historiques, sous une forme concise, voulant offrir au public parisien un guide complet, utile et instructif.

MARC DE ROSSIGNY.

ABRÉVIATIONS

Av. avenue. — *b.* boulevard. — *cim.* cimetière. — *c.* commence. — *f.* finit. — *fg.* faubourg. — *gal.* galerie. — *imp.* impasse. — *m. n.* même nom. — *m.* mort. — *pass.* passage. — *péris.* péristyle. — *pl.* place. — *p.* porte. — *q.* quai. — *sent.* sentier. — *r.* route.

Nota. — Dans les rues parallèles à la Seine, l'ordre des numéros augmente en descendant le fleuve. Dans les rues perpendiculaires à la Seine, la série des numéros commence du côté du fleuve, les numéros pairs à droite, les impairs à gauche.

TABLE DES MATIÈRES

GUIDE HISTORIQUE

DE PARIS

A

8 Abbatucci, c. blv. Malesherbes, 47, f. fg St-Honoré, 140.
— Ancien magistrat, député et ministre de la justice.
Né en 1791, m. en 1857.

6 Abbaye, c. de l'Echaudé, 18, f. St-Benoît, 39.

6 Abbaye, (pass. de l'), c. Gozlin, 9, f. du Four, 12.

5 Abbé-de-l'Epée, c. St-Jacques, 254, f. d'Enfer, 1. — Consacra ses soins et sa fortune à l'éducation des sourds-
muets, dont il fonda l'institution à Paris. Né en 1712,
m. en 1789.

15 Abbé-Groult, c. des Entrepreneurs, f. Dombasle. — Vicaire
général d'Autun, évêque de Nevers, fondateur d'un séminaire. Né en 1760, m. en 1817.

7 Abbé-la-Salle (av.), c. blv. des Invalides, f. av. Breteuil. 27. — Chanoine de Reims, institua les frères des
Ecoles chrétiennes. Né en 1651, m. en 1719.

18 Abbesses, c. des Martyrs, 87, f. Lepic, 36.

18 Abbesses (pl.), c. des Abbesses, f. la Mairie.

10 Abbeville, c. Lafayette, 109, f. Rocroi. — Ch.-l. d'arr. dans
le dép. de la Somme.

12 Abel-Leblanc (pass.), c. de Charenton, 121, f. Crozatier.

2 Aboukir, c. pl. des Victoires, f. Saint-Denis, 383. — Petite
ville de la Basse-Égypte, célèbre par la victoire que
5,000 Français remportèrent sur 15,000 Turcs, en 1799.

18 Abreuvoir, c. des Saules, f. Girardon.

18 Abreuvoir (pl.), c. Fontaine-du-But, f. Girardon.

18 Acacias Montm. c. de Clignancourt, f. des Martyrs, 88.

17 Acacias Ternes, c. av. Grande-Armée, f. av. des Ternes, 41.

17 Acacias (imp.), c. des Acacias, 21.

17 Acacias (pas.), c. Montenotte, f. des Acacias, 58.

15 Acacias (pas.), c. Abbé-Groult, f. Dombasle, 41.

20 Achille, c. cim. de l'Est, f. sent. du Rondeau.

Arr.

Arr.

20 **Alma** (pass.), c. d'Eupatoria, 11, f. d'Eupatoria, 21.
7 **Alma** (pass.), c. St-Dominique, 219, f. de Grenelle, 206.
8 **Alma** (place), c. pont de l'Alma, f. av. Joséphine, 2.
7 **Alma** (pont), c. q. de Billy, f. q. d'Orsay.
19 **Alouettes**, c. de la Villette, 45, f. de Vera-Cruz.
19 **Alouettes** (ruelle), c. des Alouettes.
13 **Alphand** (pas.), c. Cinq-Diamants, 24, f. pass. Croulebarbe.
— Ingénieur en chef de la ville de Paris. Né en 1817.
15 **Alphonse**, c. Saint-Charles, 30 f. q. de Javel.
10 **Alsace**, c. Strasbourg, 6, f. de Lafayette, 166. — Province
française depuis le XVIIᵉ siècle; annexée à l'Allemagne
en 1871.
20 **Amandiers-Belleville**, c. blv. Ménilmontant, f. Ménilmontant, 52.
11 **Amandiers** (pass.), c. pl. Château-d'Eau, f. blv. Richard-
Lenoir.
20 **Amandiers** (cité), c. des Amandiers, 14.
20 **Amandiers** (pass.), c. des Amandiers, 60.
2 **Ambroise**, c. de Richelieu, 93, f. Favart, 16.
10 **Ambroise-Paré**, c. de Maubeuge, f. blv. Magenta, 152. —
Habile et savant chirurgien. Né en 1517, m. en 1590.
7 **Amélie**, c. Saint-Dominique, 169, f. de Grenelle, 172.
11 **Amelot**, c. blv. Richard-Lenoir, f. blv. de Voltaire, 6. —
Ministre secrétaire d'Etat en 1777.
17 **Ampère**, c. blv. Malesherbes, f. blv. Pereire. — Savant célèbre
par ses immortels travaux sur l'électro-magnétisme. Né
en 1775, m. en 1836.
8 **Amsterdam**, c. Saint-Lazare, 122, f. blv. des Batignolles, 3.
Anc. capitale de la Hollande.
5 **Amyot**, c. Tournefort, f. Lhomond. — Le meilleur écrivain du
XVIᵉ siècle, traducteur des œuvres complètes de Plutarque;
m. en 1593.
6 **Ancienne-Comédie**, c. Saint-André des Arts, f. de l'Ecole
de Médecine, 44.
3 **Ancre** (pass.), c. de Turbigo, 28, f. Saint-Martin, 223.
16 **Andreino**, c. av. Bugeaud, f. av. Uhrich.
18 **Andrieux**, c. Lagille, f. Champconnet.
8 **Andrieux**, c. Constantinople, 22, f. blv. des Batignolles, 4.
— Littérateur et poëte comique, membre de l'Académie
fr. Né en 1757, m. en 1833.
18 **Androuet**, c. des Trois-Frères, 24, f. du Poirier, 25. —
Architecte au XVIᵉ siècle, constructeur du Pont-Neuf.
18 **Angélique-Compoint**, c. du Poteau, f. les champs.

19 **Anglais** (pass.), c. q. de la Seine, 71, f. de Flandres, 74.
5   **Anglais**, c. Galande, 19, f. blv. Saint-Germain, 62.
13 **Anglaises**, c. de Lourcine, 117, f. du Petit-Champ, 6.
11 **Angoulême-du-Temple**, c. blv. du Temple, 22, f. Trois-Couronnes. — Grand prieur de France. Né en 1775, m. en 1814.
11 **Angoulême** (cité), c. d'Angoulême, 66.
11 **Angoulême** (pass.), c. Oberkampf, 81, f. d'Angoulême, 60.
11 **Angoulême** (pl.), c. Amelot, f. d'Angoulême, 5.
4   **Anjou** (quai), c. St-Louis-en-l'Ile, 2, f. des Deux-Ponts, 40. — Gaston de France, duc d'Anjou, second fils de Henri IV.
8   **Anjou-St-Honoré**, c. fg St-Honoré, 46, f. de la Pépinière, 13. — Henri III, roi de France, de 1574 à 1589. Né en 1551, m. assassiné.
3   **Anjou-au-Marais**, c. Charlot, 17, f. Enfants-Rouges, 2.
19 **Annelets** (des), c. Solitaires, 17, f. de Crimée.
11 **Annonciades**, c. St-Ambroise, f. St-Irénée.
16 **Annonciation**, c. Raynouard, f. pl. de Passy.
2   **Antin**, c. Nve des-Petits-Champs, 68, f. de Port-Mahon, 5.
8   **Antin** (av.), c. Cours-la-Reine, f. av. Champs-Elysées, 1.
9   **Antin** (cité), c. de Provence, 63, f. de ch. d'Antin.
8   **Antin** (imp.), c. avenue d'Antin, 27.
18 **Antin** (imp.), c. av. de Clichy, 20.
6   **Antoine-Dubois**, c. de l'Ecole-de-Médecine, 22, f. Monsieur-le-Prince, 21. — Habile médecin, professeur de chirurgie, fit partie de l'expédition d'Egypte. Né en 1756, m. en 1837.
16 **Appert**, c. de la Faisanderie.
10 **Aqueduc**, c. de Lafayette, 167, f. blv. de la Villette.
13 **Arago** (blv.), c. de Lourcine, f. d'Enfer, 97. — Célèbre astronome, directeur de l'Observatoire de Paris, secrétaire perpétuel de l'Académie des sciences, un des chefs de la République de 1848. Né en 1786, m. en 1857.
5   **Arbalète**, c. Lhomond, f. des Patriarches.
1   **Arbre-Sec**, c. des Pr. St-Germain-l'Auxerrois, f. St-Honoré, 109.
8   **Arcade**, c. blv. Malesherbes, f. St-Lazare, 143.
18 **Arcade** (pass.), c. des Abbesses, f. Trois-Frères, 20.
17 **Arcet**, c. blv. des Batignolles, 52, f. des Dames, 59.
4   **Archevêché** (pont), c. q. de l'Archevêché, f. q. Tournelle.
4   **Archevêché** (quai), c. q. Napoléon, f. pont au Double.
4   **Arcole**, c. q. Napoléon, f. pl. du Parvis. — Nom d'un jeune homme mort courageusement près de l'Hôtel-de-Ville, le 28 juillet 1830.

Arr.

4 **Arcole** (pont), c. pl. Hôtel-de-Ville, f. q. Napoléon.

19 **Ardennes**, c. q. de la Marne, f. d'Allemagne, 159. — Dép. dont le ch.-l. est Mézières.

8 **Argenson**, c. Abbatucci, 14, f. blv. Haussmann, 109. — Famille de Touraine, qui a compté parmi ses membres des ambassadeurs, des ministres d'Etat et des académiciens.

1 **Argenteuil**, c. des Frondeurs, 3, f. St-Roch, 18. — Petite ville des environs de Paris, où fut élevée Héloïse et où elle se retira en 1120.

19 **Argonne**, c. q. de l'Oise, 33, f. de Flandres, 154. — Pays surnommé les *Thermopyles françaises* à cause de ses défilés, et célèbre par la campagne qu'y fit Dumouriez, en 1792, contre les Prussiens, qu'il vainquit à Valmy.

19 **Argonne** (pl.), c. de l'Argonne, f. Dampierre

1 **Argout**, c. Coquillière, 42, f. Montmartre, 63. — Ancien ministre, sénateur et membre de l'Institut. Né en 1782, m. en 1858.

17 **Armaillé**, c. des Acacias, 27, f. av. des Ternes, 75.

15 **Armorique**, c. blv. de Vaugirard, f. de Cotentin.

5 **Arras**, c. des Ecoles, 7, f. Clopin, 7.

15 **Arrivée**, c. blv. Mont-Parnasse, f. pl. du Maine.

4 **Arsenal**, c. Mornay, 2, f. pl. de l'Arsenal.

4 **Arsenal** (pl.), c. de l'Arsenal, f. de la Cerisaie, 3.

16 **Artistes**, *Passy*, c. de la Tour, 19, f. de Passy.

18 **Artistes** (imp), c. de Cloys, 9.

14 **Artistes** *Montr.*, c. d'Alésia, f. Saint-Yves.

14 **Arts** (pass.), c. de Vanves, 29, f. Couesnon, 14.

1 **Arts** (pont des), c. q. du Louvre, f. q. de Conti.

11 **Asile**, c. imp. Mouffe, 4, f. Popincourt, 57.

20 **Asile** (imp.), c. des Amandiers, 40, f. Richet.

11 **Asile** (pass.), c. pass. Chemin-Vert, f. Popincourt, 51.

17 **Asnières**, c. blv. de Courcelles, 48, f. blv. Berthier.

6 **Assas**, c. Cherche-Midi, 25 bis, f. car. de l'Observ. 2. — Capitaine au régiment d'Auvergne, se distingua par sa bravoure dans la guerre de Westphalie et périt victime d'un dévouement sublime, dans la nuit du 15 oct. 1760.

19 **Asselin**, c. blv. de la Villette, 92, f. Monjol.

16 **Assomption**, c. Boulainvilliers, f. blv. de Montmorency.

8 **Astorg**, c. Ville-l'Evêque, 36, f. Abbatucci, 13.

1 **Athènes** (pass.), c. St-Honoré, 178, f. Cloître St-Honoré. — Ancienne capitale de l'Attique; depuis 1834, cap. du roy. de Grèce.

9 **Auber**, c. pl. de l'Opéra, 5, f. Tronchet, 36. Célèbre com-

2

positeur fr., membre de l'Institut, directeur du Conservatoire, auteur de la *Muette de Portici*, *Fra Diavolo*, *Rêve
d'amour* et de beaucoup d'autres chefs-d'œuvre. Né en
1782, m. en 1870.

2 **Aubert** (pass.), c. Ste-Foy, 11, f. St-Denis, 357.

18 **Aubervilliers**, c. de la Villette, 241, f. blv. Ney.

4 **Aubigné** (d'), c. q. Henri IV, f. blv. Morland, 9. — Intrépide calviniste, général de Henri IV, auteur de nombreux
ouvrages, entre autres les *Tragiques*, satire en vers, et
une *Histoire universelle*, brûlée par arrêt du Parlement. Né
en 1550, m. en 1630.

17 **Aublet** (villa), c. Laugier, 44.

4 **Aubriot**, c. Ste-Croix-Bretonnerie, f. Blancs-Manteaux.
— Prévôt des marchands sous Charles V, fit bâtir la Bastille où il fut enfermé un des premiers, m. en 1382.

4 **Aubry-le-Boucher**, c. St-Martin, 101, f. blv. Sébastopol, 21.

18 **Audran**, c. Véron, 20, f. des Abbesses. — Nom de plusieurs
peintres et graveurs qui se sont distingués au XVIIe siècle.

20 **Auger**, c. blv. de Charonne, 41, f. gr. r. de Montreuil. —
Littérateur et critique distingué, membre de l'Ac. fr. Né
en 1772, m. en 1829.

3 **Aumaire**, c. Volta, 2, f. de Turbigo, 42.

9 **Aumale**, c. St-Georges, 45, f. La Rochefoucauld. — Fils du
roi Louis-Philippe, se signala en Algérie. Député à l'Assemblée nationale. Né en 1822.

5 **Austerlitz** (pont), c. pl. Mazas, f. Walhubert.

13 **Austerlitz** (quai), c. blv. de la Gare, 2, f. pont d'Austerlitz.
— Ville de Moravie où Napoléon Ier remporta une grande
victoire sur les Russes et les Autrichiens, le 2 déc. 1805.

16 **Auteuil**, c. r. de Versailles, f. porte d'Auteuil.

16 **Auteuil** (pl.), c. d'Auteuil, f. Wilhelm.

16 **Auteuil** (quai), c. pont de Grenelle, f. porte Billancourt.

16 **Auteuil** (villa), c. d'Auteuil.

18 **Auvet** (imp.), c. Polonceau, 18, f. Cavé, 9.

4 **Ave-Maria**, c. St-Paul, f. du Fauconnier, 6.

13 **Avenir** (imp.), c. Château-des-Rentiers.

16 **Aymés** (pass.), c. La Fontaine, f. de la Source.

B

1 **Babille**, c. des Deux-Ecus, 32, f. de Viarme, 3. — Avocat au
Parlement, échevin de la ville de Paris en 1762 et 1763.

7 **Babylone**, c. de la Chaise, f. blv. des Invalides, 27. — Doit

Arr.

son nom à Bernard de Ste-Thérèse, évêque de Babylone.

7 Bac, c. q. Voltaire, 35, f. de Sèvres, 26.

17 Bac-d'Asnières, c. pl. de Lévis, 7, f. d'Asnières, 40.

18 Bachelot, c. Nicolet, 11, f. Lécuyer, 13.

11 Baduel (cour), c. pass. Thierré, 16.

6 Bagneux, c. Cherche-Midi, 85, f. Vaugirard, 100.

20 Bagnolet, c. blv. Charonne, 160, f. blv. Mortier.

19 Bagnolet, c. Belleville, f. blv. Sérurier.

1 Baillet, c. de la Monnaie, 17, f. l'Arbre-Sec, 24. — Trésorier de Charles X.

1 Bailleul, c. de l'Arbre-Sec, 37, f. du Louvre, 10.

1 Baillif, c. Cr.-des-P.-Champs, f. de Valois, 22. — Surintendant de la musique du roi Henri IV.

3 Bailly, c. Beaubourg, 98, f. Réaumur. — Savant distingué, maire de Paris en 1789. Né en 1736 guillotiné le 12 novembre 1793.

18 Bains (cité), c. blv. Rochechouart.

17 Balagny, c. av. de Clichy, 152, f. av. de St-Ouen.

8 Balzac, c. av. Champs-Elysées, f. fg St-Honoré, 93. — Auteur ingénieux et original d'un grand nombre de romans compris sous le titre général de *Comédie humaine*. Né en 1799, mort en 1850.

15 Banis (cité), c. de la Procession, 51, f. d'Alleray, 25.

2 Banque, c. N.-des-P.-Champs, 2, f. pl. de la Bourse, 7.

13 Banquier, c. Duméril, f. av. des Gobelins.

15 Baran, c. St-Charles, f. Emeriau.

10 Barbanègre, c. de Nantes, 27, f. q. de la Gironde. — Général français d'une grande bravoure. Né en 1792, m. en 1830.

7 Barbet-de-Jouy, c. de Varennes, 67, f. de Babylone, 64.

3 Barbette, c. Elzévir, f. Ville-du-Temple, 70. — Prévôt des marchands et maître des Monnaies, en 1298.

10 Barbette (cité), c. du Plateau, f. du Tunnel.

15 Bargue (pass.), c. Vaugirard, f. Plumet.

9 Baromètre (gal.), c. blv. des Italiens, 12, f. pass. de l'Opéra.

6 Barouillère, c. de Sèvres, 117, f. Cherche-Midi, 112.

13 Barrault (ruelle), c. blv. d'Italie, 71, f. Encl. des Carrières.

4 Barres, c. q. de l'H.-de-Ville, f. François-Miron, 14.

3 Barrois (pass.), c. des Gravilliers, 34, f. Aumaire, 3.

19 Barthélemi (villa), c. de la Villette, 13, f. Belliard.

18 Barthélemi (cité), c. cité Falaise.

15 Barthélemi, c. av. de Breteuil, f. de Grenelle, 14. — Membr e du conseil général du dép. de la Seine, 1818.

Arr.

2 Basfour (pass.), c. de Palestro, 27, f. St-Denis, 302.
11 Basfroi, c. de Charonne, 69, f. de la Roquette, 108.
20 Bas-Montibœufs (sent. des), c. Vieille r. de Belleville.
8 Bassano, c. av. d'Iéna, f. av. des Ch.-Elysées. — Diplomate
   et ministre des affaires étrangères. Né en 1763, m. en
   1839.
5 Basse-des-Carmes, c. Mont.-Ste-Gen., 2, f. des Carmes, 1.
9 Basse-du-Rempart, c. Caumartin, f. pl. de la Madeleine.
4 Basse-des-Ursins, c. de la Chine, f. de Puébla.
20 Basses-Gatines, c. des Chantres, 2, f. de la Colombe, 1.
10 Basses-Vignolles, c. des H.-Vignolles, f. des Haies, 21.
6 Bassins, c. Newton, 3, f. La Pérouse.
4 Bassompierre, c. blv. Bourdon, 1, f. de l'Arsenal. — Maréchal de France; déplut au cardinal de Richelieu, qui l'en-
   ferma à la Bastille. Auteur de Mémoires intéressants. Né
   en 1579, m. en 1646.
19 Baste, c. Secrétant, f. imp. Bouret.
4 Bastille (pl.), c. de Lyon, f. blv. Rich.-Lenoir, 2. — Prison
   d'Etat qui fut prise et détruite les 24 et 25 juillet 1789.
17 Batignollaises, c. blv. Batignolles, 40, f. des Dames, 45.
17 Batignolles, c. blv. Batignolles, 34.
9 Batignolles (blv.), c. de Clichy, 89, f. du Rocher.
17 Batignolles (pl.), c. des Batignolles, f. du Cardinet.
5 Battoir, c. Puits-de-l'Ermite, 2, f. de Lacépède, 5.
16 Bauches, c. Boulainvilliers, 21, f. Pajou.
18 Baudeloque, c. Ordener, f. blv. Ornano, 90. — Célèbre professeur d'accouchement. Né en 1746, m. en 1810.
18 Baudeloque (imp.), c. du Mont-Cenis.
9 Baudin, c. de Lafayette, 81, f. de Maubeuge, 77. — Amiral
   fr. d'une grande intrépidité. Né en 1784, m. en 1854.
4 Baudoyer (pl.), c. François-Miron, 1, f. de Rivoli.
13 Baudricourt, c. Nationale, f. route de Choisy. — Gouverneur
   de Vaucouleurs, accueillit Jeanne d'Arc et l'envoya à
   Charles VII.
4 Baudroierie (imp.), c. de Venise, 5.
8 Baume, c. de Courcelles, 20, f. av. Percier, 11.
15 Bausset, c. de l'Abbé-Groult, f. Maublanc.
11 Bavière (cour), c. de la Roquette, 56. — Roy. créé en 1806
   par Napoléon; cap. Munich.
8 Bayard, c. Cours-la-Reine, 18, f. av. Montaigne, 52. — Se signala dans les campagnes d'Italie par d'admirables
   vertus guerrières, qui lui valurent le surnom de *Chevalier
   sans Peur et sans Reproche.* Né en 1476, m. en 1524.

Arr.

15 Bayard (imp.), c. Hoche, 10.
17 Bayen, c. Poncelet, f. b. Gouvion-St-Cyr. — Pharmacien et
     chimiste, découvrit la propriété fulminante du mercure.
     Né en 1725; m. en 1798.
3   Béarn, c. des Vosges, 12, f. St-Gilles, 3. — Ancienne province,
     aujourd'hui comprise dans le dép. des Basses-Pyrénées;
     cap. Pau.
3   Béarn (imp.), c. de Béarn, 6.
3   Beaubourg, c. Maubuée, 2, f. de Turbigo, 48.
3   Beaubourg (imp.), c. Beaubourg, 37.
3   Beauce, c. d'Anjou, 10, f. de Bretagne, 45. — Ancien pays
     auj. compris dans le dép. d'Eure-et-Loir; cap. Chartres.
8   Beaucour (imp.), c. fg St-Honoré, 248.
15 Beau-Grenelle (pl.), c. des Entrepr. f. St-Charles.
11 Beauharnais (cité), c. des Boulets, 51. — Premier mari de
     l'impér. Joséphine; fut député à l'Assemblée nationale,
     général en chef de l'armée du Rhin. Né en 1760, guil-
     lotiné en 1794.
1   Beaujolais, c. de Valois, f. de Montpensier, 47. — Fils du
     duc d'Orléans.
1   Beaujolais (gal.), c. périst. Beaujolais et Joinville.
1   Beaujolais (péristyle), c. Galerie de Valois.
1   Beaujolais (pass.), c. Montpensier, f. Richelieu, 52.
8   Beaujon, c. av. Friedland, 14, f. av. Wagram. — Riche
     banquier de la cour de Louis XV, fondateur de l'hospice
     qui porte son nom. Né en 1718, m. en 1786.
3   Beaumarchais (b.), c. pl. de la Bastille, f. Pont-aux-Choux.
     — Auteur original et piquant de Mémoires ou Factums qui
     sont des modèles en leur genre. Ses pièces de théâtre les
     plus remarquables par la peinture vive et satirique des
     vices contemporains sont: le Barbier de Séville et le Mariage
     de Figaro. Né en 1732, m. en 1779.
7   Beaune, c. q. Voltaire, 27, f. de l'Université, 36. — Ch.-l.
     d'arr. du dép. de la Côte-d'Or.
12 Beaune-Bercy, c. d'Orléans, f. de Bercy, 91.
14 Beaunier, c. de la Voie-Verte, f. route de Châtillon.
2   Beauregard, c. Poissonnière, 18, f. blv. B.-Nouvelle, 7.
     — Prédicateur jésuite. Né en 1731, m. en 1804.
2   Beaurepaire (cité), c. Greneta, 48. — Commandait Verdun
     lorsque les Prussiens assiégèrent cette place en 1792; se
     brûla la cervelle plutôt que de se rendre.
16 Beauséjour (b.), c. ch. de la Muette, 15, f. de l'Assomption.
16 Beauséjour (villa), c. b. Beauséjour.

avait enrichi de plusieurs chefs-d'œuvre, tels que la *Norma*, les *Puritains*, etc. Né en 1802, m. en 1835.

19 Bellot, c. Tanger, 15, f. d'Aubervilliers, 26. — Poëte fr.; a écrit dans le patois méridional. Né en 1783, m. en 1855.

16 Belloy, c. de Lubeck, f. Nitoit. — Archevêque de Paris et cardinal. Né en 1709, m. en 1808.

8 Bel-Respiro, c. av. Ch.-Elysées, f. Beaujon, 5.

10 Belzunce, c. b. Magenta, 199, f. Maubeuge, 80. — Evêque de Marseille, se signala par une grande charité pendant la peste de cette ville en 1720. Né en 1617, m. en 1755.

14 Bénard, c. ch. des Plantes.

19 Bender (pass.), c. du Bois. f. pass. du Sud.

3 Béranger, c. Charlot, f. du Temple. — Poëte fr. qui exerça beaucoup d'influence sur l'opinion publique par ses chansons. Né en 1780, m. en 1857.

19 Béranger (cité), c. de Belleville.

15 Béranger (imp.), c. de Vaugirard, 119.

18 Béranger (pass.), c. av. de Clichy, f. des Carrières.

12 Bercy (b.), c. q. de la Rapée, 2, f. Charenton, 238.

12 Bercy, c. Nicolaï, f. b. Contrescarpe, 16.

12 Bercy (pont), c. q. de la Rapée, f. q. de la Gare.

12 Bercy (q.), c. b. de Bercy, f. b. Poniatowski.

1 Berger, c. b. Sébastopol, 31, f. Vauvilliers, 14. — Préfet de la Seine. Né en 1790, m. en 1859.

9 Bergère, c. fg. Poissonnière, 12, f. fg. Montmartre, 14.

9 Bergère (cité), c. fg Montmartre, 6, f. Bergère, 21.

9 Bergère (gal.), c. Montyon, 10, f. Geoff.-Marie, 10.

15 Bergers, c. Javel, 60, f. St-Paul.

15 Berges (imp.), c. Leblanc, 19.

15 Berges, c. Domrémy, f. b. Masséna.

6 Bérite, c. Cherche-Midi, f. Gerbillon.

8 Berlin, c. de Clichy, 27, f. pl. de l'Europe.— Cap. de la Prusse.

6 Bernard-Palissy, c. de Rennes, 54, f. du Dragon, 15. — S'illustra par ses découvertes en géologie et en chimie, créa la céramique en France et fabriqua des poteries qui sont recherchées pour la beauté et la singularité de leurs formes. Né en 1510, m. en 1589 dans une prison où il avait été mis comme calviniste.

5 Bernardins, c. q. de la Tournelle, f. des Ecoles, 12.

19 Bernkoff (cité), c. de Flandres, 123.

8 Bernouilli, c. Constantinople, 20, f. Rome, 71.— Nom de trois savants mathématiciens suisses du xviie et du xviiie siècle.

8 Berri, c. av. Ch.-Elysées, f. blv. Haussmann, 157.—Fils de

Charles X; assassiné par Louvel, le 13 février 1820, en sortant de l'Opéra. Né en 1778.

3 Berthaud (imp.), c. Beaubourg, 26.

18 Berthe, c. pl. St-Pierre, f. du Poirier, 6.

17 Berthier (blv.), c. porte Clichy, f. p. de la Révolte. — Prince de Neuf-châtel et de Wagram, maréchal de l'Empire, ministre de la guerre après le 18 Brumaire. Né en 1753, m. en 1815.

5 Berthollet, c. Feuillantines, 61, f. blv. Port-Royal. — Savant chimiste, dont les découvertes et les ouvrages firent progresser la science vers un but d'utilité. Il fut sénateur, pair de France et membre de l'Institut. Né en 1748, m. en 1822.

1 Bertin-Poirée, c. q. Mégisserie, 14, f. Rivoli, 63.

16 Berton, c. q. de Passy, f. Guillou. — Général de brigade, auteur d'un Précis histor. de la bataille de Waterloo. Né en 1760; fusillé en 1821 comme chef des insurgés contre les Bourbons.

7 Bertrand, c. Eblé, 15, f. de Sèvres, 98. — Grand maréchal sous Napoléon, qu'il suivit par dévouement à l'île d'Elbe et à Ste-Hélène. Né en 1773, m. en 1844.

11 Bertrand (cité), c. St-Maur, 60.

7 Bervic, c. blv. Ornano, f. Belhomme. — Célèbre graveur en taille-douce. Né en 1756, m. en 1822.

17 Berzelius, c. av. Clichy, 168, f. Marcadet. — Chimiste suédois qui fit faire un progrès immense à la chimie. Né en 1779, m. en 1848.

11 Beslay (imp.), c. N.-Popincourt, 15.

17 Bessières (blv.), c. porte St-Ouen, f. p. de Clichy. — Maréchal de l'Empire et duc d'Istrie; se distingua dans les guerres d'Allemagne; battit les Espagnoles à Médina del Rio, et prit part à l'expédition de Russie. Né en 1768, tué en Prusse dans un combat, en 1813.

4 Béthune (q.), c. St-Louis, f. des Deux-Ponts.

17 Boudant, c. blv. des Batignolles, f. des Dames, 91. — Géologue, membre de l'Académie des sciences. Né en 1787, m. en 1850.

15 Beuret, c. Cambronne, 88, f. de Vaugirard, 250.

14 Bezout, c. Tombe-Issoire, f. Monbrun. — Mathématicien; membre de l'Acad. des sciences. Né en 1730, m. en 1783.

10 Bichat, c. fg du Temple, 45, f. q. Jemmapes. — Médecin et physiologiste de premier ordre; enlevé dans sa 31e année

Arr.

à la science, à laquelle il avait fait faire des progrès immenses. Né en 1771, m. en 1802.

16 Biches (imp.), c. des Belles-Feuilles.

18 Bienaimé (cité), c. des Vignes, f. blv. Ney.

8 Bienfaisance, c. du Rocher, 31, f. blv. Malesherbes, 48.

5 Bièvre, c. q. Tournelle, f. blv. St-Germain 48.

12 Bignon, c. Charenton, f. av. Daumesnil. — Homme d'État et diplomate, ministre dans les Cent-Jours, pair de France sous Louis-Philippe, membre de l'Ac. des sciences morales et politiques ; auteur d'une *Histoire de la diplomatie française* écrite d'après le désir de Napoléon, dont il fut un des légataires. Né en 1774, m. en 1842.

18 Bilcoq (imp.), c. du Poteau.

16 Billancourt, c. r. de Versailles, f. blv. Murat.

20 Billard (pass.), c. de Lagny, f. r. Goutte-d'Or. — Général fr. qui se couvrit de gloire à Wagram. Né en 1772, mort en 1855.

8 Billault, c. av. Ch.-Élysées, f. blv. Haussmann, 173. — Avocat et homme politique. Orateur très-éloquent, soutint au Corps législatif la politique napoléonienne. Né en 1805, m. en 1863.

4 Billettes, c. Verrerie, 28, f. Ste-Cr.-Breton.

16 Billy (q.), c. p. de l'Alma, f. Beethoven. — Nom d'un général qui fut tué à la bataille d'Iéna.

17 Biot, c. blv. Batignolles, 6, f. des Dames, 11. — Célèbre savant, membre de l'Institut. Né en 1774, m. en 1852.

5 Birague, c. St-Antoine, 171, f. pl. des Vosges, 2. — Garde des sceaux sous Charles IX, devint cardinal quoiqu'il ne fût pas prêtre ; un de ceux qui dirigèrent le complot de la Saint-Barthélemy. Né en 1507, m. en 1583.

4 Birague (pl.), c. François-Miron, f. Rivoli, 1.

12 Biscornet, c. Terres-Fortes, f. blv. Contrescarpe, 48.

20 Bisson, c. blv. Belleville, 86, f. des Couronnes. — Marin fr., commandant d'un brick dans l'expédition de Grèce, se fit sauter avec l'équipage pour ne pas se rendre à des pirates. Né en 1790, mort en 1827.

16 Bizet, c. av. Joséphine, f. av. d'Iéna. — Peintre très-estimé. Né en 1633, mort en 1680.

18 Bizioux (imp.), c. Riquet, 84.

5 Blainville, c. Mouffetard, 10, f. Tournefort. — Profond zoologiste, disciple de Cuvier. Né en 1777, mort en 1850.

10 Blanchard (pass.), c. d'Allemagne, 30, f. de Meaux, 53. — Inventeur du parachute pour les aérostats. Né en 1755, m. en 1809.

Arr.

9 **Blanche**, c. Châteaudun, 60, f. pl. Blanche, 3.
14 **Blanche** (cité), c. de Vanves, f. Ch. de fer Ouest.
9 **Blanche** (pl.), c. Blanche, 99, f. blv. Clichy, 59.
4 **Blancs-Manteaux**, c. V.-du Temple, 51, f. Temple, 40.
9 **Bleue**, c. fg Poisson., 67, f. Lafayette, 69.
2 **Bleue** (cour), c. Palestro, 15, f. St-Denis, 268.
15 **Blomet**, c. Lecourbe, f. St-Lambert, 31.
2 **Blondel**, c. St-Martin, 351, f. St-Denis, 388. — Architecte fr., constructeur de la porte St-Denis. Né en 1617, m. en 1686.
14 **Blottière**, c. pass. Bournissien, f. Procession, 91.
14 **Blottière** (imp.), c. Blottière.
9 **Bochard-de-Saron**, c. Condorcet, 52, f. blv. Rochechouart. — Savant mathématicien. Né en 1730, m. sur l'échafaud en 1794.
4 **Bœuf** (imp.), c. N.-St-Merri, 12.
5 **Bœufs** (imp.), c. Ecole-Polytech., 20.
2 **Boïeldieu** (pl.), c. Favart, 10, f. Marivaux. — Compositeur fr., dont on ne cesse d'applaudir la musique expressive et gracieuse dans tous les opéras-comiques. Son chef-d'œuvre est la *Dame blanche*. Né en 1775, m. en 1839.
1 **Boileau**, c. Ste-Chapelle, 9, f. q. Orfèvres, 14. — Poëte dont les ouvrages sont connus de quiconque a reçu les premiers principes des lettres; dirigea et régla l'essor de la littér. fr. et fut surnommé *le législateur du goût*. Né en 1636, m. en 1711.
16 **Boileau**, c. Auteuil, f. de Versailles.
19 **Boileau** (hameau), c. Boileau, 22.
18 **Boinod** c. blv. Ornano, f. Poissonniers.
19 **Bois**, c. du Pré, 12, f. blv. Sérurier.
20 **Bois**, c. Bagnolet, 16, f. Hautes-Vign.
19 **Bois** (pass. du), c. Petit, 44.
10 **Bois de Boulogne** (pass.), c. fg St-Denis, 12, f. blv. St-Denis, 20.
11 **Bois-Halbran** (cité), c. Roquette, 80.
16 **Boislevent**, c. pl. Passy, f. Boulainvilliers.
18 **Boissière**, c. av. d'Iéna, f. pl. d'Eylau. — Mathématicien du XVIe siècle.
18 **Boissieu**, c. blv. Ornano, f. Belhomme. — Savant graveur et dessinateur. Né en 1736, m. en 1810.
8 **Boissy-d'Anglas**, c. av. Gabriel, f. blv. Malesh., 5. — Député à la Convention, la présida le 1er prairial an III. Il fut sénateur sous l'empire, pair de France sous la Restauration. Né en 1756, m. en 1826.

Arr.

13 **Bolton** (pass.), *c.* Butte-aux-Cailles.
6 **Bonaparte**, *c. q.* Malaquais, *f.* d'Assas, 55. — Famille ita-
  lienne, qui s'établit en Corse au XVIIᵉ siècle, et qui fut
  élevée à la dignité impériale en France en 1804.
10 **Bondy**, *c.* pl. du Château-d'Eau, *f.* pl. St-Martin.
10 **Bonhours** (cité), *c.* des Récollets.
18 **Bonne** (de la), *c.* Mont-Cenis, *f.* Fontenelle.
11 **Bonne-Graine** (pass.), *c.* fg St-Antoine, 115, *f.* pass. Josset.
2 **Bonne-Nouvelle** (blv.), *c.* porte St-Denis, *f.* fg Poissonn.
10 **Bonne-Nouvelle** (imp.), *c.* blv. B.-Nouvelle, 24.
1 **Bons-Enfants**, *c.* ...tonoré, 194, *f.* Baillif.
8 **Bouy** (imp.), *c.* St-Lazare, 130.
[3 **Borda**, *c.* Volta, 33, *f.* Montgolfier. — Mathématicien et astronome, fut un des savants chargés de mesurer aux Baléares
  un quart du méridien. Né en 1733, m. en 1799.
12 **Bordeaux**, *c. q.* Bercy, 11, *f.* Bercy, 109. — Ch.-l. du dép.
  de la Gironde.
20 **Borrégo**, *c.* Pelleport. *f.* Haxo, 77.
15 **Borromée**, *c.* Blomet, *f.* Vaugirard, 222. — Archevêque de
  Milan et cardinal, se signala par une grande charité pendant la peste de cette ville en 1576. Né en 1538, m. en
  1584.
7 **Bosquet** (av.), *c. q.* Orsay, *f.* av. Lam.-Piquet. — Maréchal de
  France, fit la campagne de Crimée et se couvrit de gloire
  à la bataille de l'Alma. Né en 1810, m. en 1861.
10 **Bossuet**, *c.* Lafayette, 111, *f.* Belzunce. — Evêque de Meaux;
  fut une de ces intelligences d'élite dont s'honore l'humanité; il porta l'éloquence à une hauteur inconnue avant
  lui. Né en 1627, m. en 1704.
9 **Botty** (cour), *c.* N.-Coquenard, 22.
10 **Bouchardon**, *c.* Bondy, 84, *f.* du Chât.-d'Eau. — Célèbre
  sculpteur. Né en 1698, m. en 1762.
1 **Boucher**, *c.* du Pont-Neuf, 8, *f.* Bourdonnais, 25. — Conseiller du roi et de la ville, échevin de 1773 à 1775.
19 **Bouchet** (imp.), *c.* de Meaux, 22.
18 **Bouery**, *c.* de la Chapelle, 144, *f.* pl. Hébert.
20 **Boudin** (pass.), *c.* de la Justice.
16 **Boudon** (av.) *c.* la Fontaine, 29-31.
9 **Boudreau**, *c.* Auber, 5, *f.* Caumartin, 28. — Greffier de la
  ville en 1780.
16 **Boufflers** (av.), *c.* av. des Tilleuls, *f.* av. des Peupliers.
  — Maréchal de France, commanda l'armée de Flandre en
  1702. Né en 1644, m. en 1711.

Arr.

3 Boufflers (cité), c. du Petit-Thouars, 16.
7 Bougainville, c. Chevert, f. av. Lam.-Piquet. — Se rendit célèbre par le voyage autour du monde, pendant lequel il découvrit l'île qui porte son nom, dans la Polynésie; prit une part glorieuse à l'expédition d'Amérique. Né en 1729, m. en 1811.
16 Boulainvilliers, c. q. de Passy, 40, f. de Passy. — Historien fr., apologiste du système féodal. Né en 1658, m. en 1722.
16 Boulainvilliers (ham.), c. de Boulainvilliers.
20 Bouland (imp.), c. de Bagnolet, 65.
5 Boulangers, c. de Jussieu, f. Monge, 31.
14 Boulard, c. Champ-d'asile, f. Brézin. — Célèbre bibliophile. Né en 1751, m. en 1825.
17 Boulay, c. av. Clichy, 108, f. Marcadet.
11 Boule, c. blv. Rich.-Lenoir. f. Froment.
12 Boule-Blanche (pass.), c. Charenton, 17, f. fg St-Ant., 50.
9 Boule-Rouge, c. Montyon, 6, f. Richer.
11 Boulets, c. fg St-Antoine, 301, f. Roquette, 156.
17 Boulovard, c. blv. Batignolles, f. des Dames, 23.
17 Boulnois (pl.), c. Bayen, 10.
9 Boulogne, c. Blanche, 73, f. Clichy, 72.
1 Bouloi, c. Cr.-des-P.-Champs, f. Coquillière, 29.
16 Bouquet-de-Longch. c. Longch., f. Boissière.
14 Bourbon (q.), c. Deux-Ponts, 39, f. q. d'Orléans. — Famille très-ancienne, dont une branche, parvenue au trône de Navarre vers le milieu du XVIᵉ siècle, donna successivement des souverains à la France, à l'Espagne, à Naples et à Parme. Elle ne règne nulle part aujourd'hui.
15 Bourbon (pass.), c. Vaugirard, 339, f. Olivier-de-Serres.
6 Bourbon-le-Château, c. Buci, 28, f. Echaudé, 19.
9 Bourdaloue, c. Châteaudun, 20, f. St-Lazare. — Jésuite, placé comme sermonnaire à côté de Bossuet. Né en 1632, m. en 1704.
8 Bourdin (imp.), c. de Marignan, 1.
4 Bourdon (b.), c. b. Morland, 2, f. pl. de la Bastille. —Nom d'un colonel qui fut tué à la bataille d'Austerlitz.
1 Bourdonnais, c. q. Mégisserie, f. Berger.
1 Bourdonnais (imp.), c. b. Bourdonnais, 37.
19 Bouret, c. d'Allemagne, 10, f. Meaux, 49.
19 Bouret (imp.), c. Meaux, 31 bis, f. Basto.
2 Bourg-l'Abbé (pass.), c. Palestro, f. St-Denis, 280.
7 Bourgogne, c. q. d'Orsay, 33, f. de Varenne, 86. — Petit-fils de Louis XIV. Né en 1682, m. en 1712.

Arr.

12 Bourgogne, c. q. de Bercy, 9, f. de Bercy, 113.
12 Bourgogne (cour), c. Charenton, 59, f. fg St-Antoine.
14 Bourgon, c. av. d'Italie, f. Damesme.
4 Bourtibourg, c. de Rivoli, f. Ste-Cr.-Bretonn.
14 Bournision (pass.), c. de Constantine, 61, f. Blottière.
17 Boursault, c. b. des Batignolles, f. pl. Batign. — Auteur
    dram., fabuliste, romancier. Obtint des succès par ses
    trois comédies, le Mercure galant, Esope à la ville et Esope
    à la cour. Né en 1638, m. en 1701.
17 Boursault (imp.), c. de Rome, 92.
2 Bourse, c. Vivienne, 20, f. Richelieu, 80.
2 Bourse (gal.), c. St-Marc, 10, f. pass. Panoram., 38.
2 Bourse (pl.), c. N.-D.-d-Vict. 19, f. Vivienne, 33.
4 Boutarel, c. q. d'Orléans, 38, f. St-Louis, 75.
5 Boutebrie, c. Parcheminerie, 23, f. b. St-Germ. 86.
1 Bouteille (imp.), c. Montorgueil, 31.
13 Boutin, c. Glacière, 38, f. la Santé.
12 Bouton (imp.), c. Charbonniers, 18.
11 Bouvines, c. de Tunis, f. av. Bouvines. — Ville de l'arr. de
    Lille, où Philippe-Auguste, à la tête de 50,000 Français,
    remporta une éclatente victoire sur 200,000 hommes,
    réunis sous les ordres de l'empereur Othon IV, du
    comte de Flandres et de plusieurs princes alliés.
11 Bouvines (av.), c. pl. du Trône, 9, f. Montreuil, 102.
10 Brady (pass.), c. fg St-Mart., 43, f. fg St-Denis, 46.
15 Brancion, c. des Morillons f. b. Lefevre.
3 Brantôme, c. Beaubourg, 29, f. St-Martin, 101.
3 Braque, c. du Chaume, 17, f. du Temple, 68.
11 Bras-d'Or (cour), c. fg St-Ant., 99, f. pass. Jossot.
6 Bréa, c. N.-D.-des-Champs, f. b. Montparn. 111. — Géné-
    ral de brigade. Né en 1790, tué en juin 1818.
12 Brèche-aux-Loups, c. Charenton, 255.
12 Brèche-aux-Loups, c. la Lancette, 15, f. ch. de Reuilly, 14
9 Bréda, c. N.-D.-de-Lorette, 40, f. de Laval, 27.
9 Bréda (pl.), c. Clausel, 21, f. Bréda, 14.
11 Bréguet, c. b. Rich.-Lenoir, f. Boule — Habile mécanicien
    et célèbre horloger. Né en 1740, m. en 1823.
17 Bremontier, c. b. Neuilly, f. b. Berthier. — Inspecteur-gé-
    néral des ponts et chaussées; ses travaux excitent l'éton-
    nement des physiciens. Né en 1738, m. en 1809.
3 Bretagne, c. V.-du-Temple, 137, f. du Temple, 160.
10 Bretagne (cour), c. fg du Temple, 99, f. Corbeau. — Ancienne
    province de la France occidentale, formant auj. 5 départ.

Air.

3   Bretagne (imp.), c. Commines, 8.

1   Bretagne (pass.), c. Montpensier, 15, f. Richelieu, 18.

7   Breteuil (av.), c. pl. Vauban, f. de Sèvres, 116. — Remplit de hautes fonctions diplomatiques sous Louis XV; devint, sous Louis XVI, ministre de la maison du roi et chef du ministère à la chute de Necker. Né en 1733, m. en 1807.

7   Breteuil (pl.), c. av. Breteuil, 67, f. av. de Saxe, 50.

3   Breteuil, c. Réaumur, 22, f. Conti.

4   Bretonvilliers, c. q. de Béthune, 16, f. St-Louis, 5.

17   Brey, c. av. Wagram, 19, f. de Montenote.

14   Brézin, c. av. d'Orléans, 46, f. ch. du Maine.

9   Briare (pass.), c. Rochechouart, 3, f. Maubeuge.

17   Bridaine, c. Truffaut, 39, f. Boursault. — Missionnaire éloquent dont la prédication produisit dans le Midi un effet prodigieux. Né en 1701, m. en 1767.

18   Briquet, c. b. Rochechouart, f. des Acacias, 20.

18   Briquet (pass.), c. Carrière, 3, f. Briquet.

4   Brisemiche, c. Cloît.-St-Merri, 14, f. Simon-le-Franc.

4   Brissac, c. b.Morland,8,f.de Crillon. — Maréchal de France; gouverneur de Paris sous la Ligue; livra cette ville à Henri IV en 1598.

17   Brochant, c. av. Clichy, 129, f. pl. Batignolles. — Savant minéralogiste. Né en 1774, m. en 1840.

2   Brogniart, c. Montm. 133, f. N.-D.-des-Vict. 52. — Architecte célèbre, constructeur de la Bourse. Né en 1739, m. en 1813.

14   Broussais, c. Dareau, f. d'Alésia. — Célèbre médecin et philosophe matérialiste. Né en 1772, m. en 1838.

13   Bruant, c. blv. de la Gare, 62, f. Jenner. — Architecte, constructeur de l'hôtel des Invalides, m. en 1697.

12   Brulon (imp.), c. des Citeaux.

14   Brune (blv.), c.porte d'Orléans, f.ch.-de-fer Ouest. — Se distingua comme général en chef en Hollande et en Italie; maréchal de France et gouv. des villes anséatiques. Né en 1765, assassiné à Avignon en 1815.

17   Brunel, c. av. Gr.-Armée, f. blv. Pereire. — Ingénieur célèbre, forma et exécuta le hardi projet d'un tunnel sous la Tamise. Né en 1769, m. en 1849.

9   Bruxelles, c. pl. Blanche, 5, f. de Clichy, 80. — Cap. du roy. de Belgique; appartenu à la France de 1795 à 1814;

5   Bucherie, c. pl. Maubert, f. pl. du Petit-Pont.

6   Buci, c. de l'Anc.-Comédie, f. pl. Gozlin.

Arr.

4 Budé, c. q. d'Orléans, 10, f. St-Louis en l'Ile. — Prévôt des marchands.
9 Baffault, c. fg Montm., 48, f. Lamartine, 11. — Trésorier honoraire et échevin de 1787 à 1789.
5 Buffon, c. blv. l'Hôpital, 2, f. Geof.-St.-Hilaire, 34. — Grand naturaliste, l'une des quatre premières gloires du XVIIIᵉ s.; membre de l'Ac. fr. et de celle des sc. Né en 1707, m. en 1788.
16 Bugeaud (av.), c. pl. d'Eylau, f. av. Uhrich. — Gouverneur de l'Algérie, maréchal de France et duc d'Isly, après la bataille de ce nom, qu'il remporta en 1834 sur les Marocains. Né en 1784, m. en 1849.
16 Buis, c. d'Auteuil, f. Verderet.
10 Buisson St-Louis, c. St-Maur, 200, f. blv. de la Vill., 33.
10 Buisson St-Louis (pl.), c. Buisson-St-L., 11.
13 Buot, c. Butte aux Cailles, f. les champs.
18 Burcq, c. des Abbesses, f. Durantin.
13 Butte-aux-Cailles, c. du Moulin, f. pl. Croulebarbe.
12 Buttes, c. de Reuilly, 93, f. Picpus, 22.
10 Butte-Chaumont, c. blv. Villette, 93, f. fg St-Denis.
18 Buzelin, c. Riquet, 72, f. Torcy.
19 Buzellu (pass.), c. imp. St-Nicolas, 5, f. Meaux, 37.

C

14 Cabanis, c. de la Santé, f. Broussais. — Médecin, litt., philosophe, membre de l'Institut et sénateur; se rendit célèbre par son livre des Rapports du physique et du moral, où il se déclare matérialiste. Né en 1757, m. en 1808.
9 Cadet, c. fg Montmartre, 46, f. de Montholon, 39.
9 Cadet (pl.), c. Cadet, 33, f. Bleue, 38.
9 Cadet (cité), c. Cadet, 31, f. Lamartine, 3.
18 Cadran (imp. du), c. blv. Rochechouart.
3 Cafarelli, c. de Bretagne, 60, f. pl. de la Rotonde, 2. — Fit partie de l'expédition d'Egypte comme général de division du génie; rendit de grands services à l'armée. Né en 1756, il fut tué devant St-Jean-d'Acre en 1799.
10 Cail, c. Philippe-de-Girard, f. fg St-Denis. — Grand industriel français. Né en 1804.
15 Cail (cité), c. Letellier-Prolongée.
13 Caillaux, c. route de Choisy, 120, f. pass. Gandon.
2 Caire, c. blv. Sébastopol, 111, f. pl. du Caire, 1. — Capitale l'Egypte; fut prise par Bonaparte en 1798.

Arr.

2 **Caïre** (pass.), c. St-Denis, 331, f. pl. du Caïro.
2 **Caïre** (pl.), c. du Caïre, 48, f. Aboukir, 100.
20 **Calais** (imp. de), c. de Calais, 48. — Ville forte, chef-lieu de canton, arr. de Boulogne (Pas-de-Calais), resta plus de deux siècles au pouvoir des Anglais, jusqu'en 1558.
20 **Calais**, c. de Belleville, f. de Ménilmontant.
9 **Calais**, c. Blanche, 83, f. pl. Vintimille, 2.
16 **Callot**, c. route de Versailles, 46, f. de la Municipalité. — Peintre, dessinateur et graveur, s'est acquis une réputation populaire par son talent de caricaturiste. Né en 1593, m. en 1635.
18 **Calvaire** (pass. du), c. pl. du Tertre, 11, f. Gabrielle, 8.
16 **Calvaire** (imp. du), c. Pajou.
8 **Cambacérès**, c. des Saussaies, f. Abbatucci, 13. — Grand jurisconsulte, membre de la Convention, deuxième consul de la République, prince architrésorier de l'empire. Né en 1753, m. en 1829.
5 **Cambrai** (pl.), c. des Écoles, f. Collège de France. — Ville forte, chef-lieu d'arr. (Nord). Un traité de paix y fut conclu en 1529, et une ligue contre Venise en 1508.
19 **Cambrai**, c. l'Ourcq, 86, f. Flandres.
15 **Cambronne**, c. pl. Cambronne, 5, f. Vaugirard, 230. — Général de la garde impériale, connu par sa réponse énergique aux ennemis qui le sommaient de se rendre après l'avoir enveloppé sur le champ de bataille de Waterloo. Né en 1770, m. en 1842.
15 **Cambronne** (pl.), c. av. de Lowendall, f. Croix-Nivert, 1.
7 **Camou**, c. av. de Labourdonn., f. av. Rapp. — Général fr. Né en 1792, m. en 1848.
14 **Campagne-Première**, c. blv. Montparnasse, f. blv. d'Enfer.
13 **Campo-Formio**, c. blv. de l'Hôpital, 123, f. pl. Pinel, 2. — Village du Frioul, vénitien, où fut conclu en 1797, le traité de paix du même nom entre la France et l'Autriche.
10 **Canal St-Martin**, c. q. Valmy, 257, f. fg St-Martin, 224.
5 **Candolle**, c. Daubenton, f. Censier. — Botaniste, professeur à Montpellier; auteur de plusieurs ouvrages remarquables. Né en 1778, m. en 1841.
6 **Canettes**, c. Four, 27, f. pl. St-Sulpice, 8.
6 **Canivet**, c. Servandoni, 10, f. Férou, 3.
14 **Canut** (imp.), c. chemin des Plantes, 1.
14 **Capitaine** (av. du), c. Darcau, 69, f. av. du Commandeur.
18 **Caplat**, c. Charbonnière, f. Goutte-d'Or, 47;

Arr.

18 Capron, c. av. de Clichy, 18, f. Forest.
 2 Capucines (blv. des), c. Louis-le-Grand, 35, f. N. des Ca-
     pucines, 24.
 5 Cardinal-Lemoine, c. q. de la Tournelle, 17, f. Mouffetard.
     — Né au XIII° siècle, fondateur d'un collége dans cette
     rue; m. en 1313.
 6 Cardinale, c. Furstenberg, 3, f. de l'Abbaye, 4.
17 Cardinet, c. av. de Clichy, 149, f. av. de Wagram.
17 Cardinet (pge), c. d'Asnières, 74, f, Saussure, 85.
15 Carlier (imp.), c. des Morillons.
 5 Carmes, c. blv. St-Germain, f. St-Hilaire, 2.
 6 Carnot, c. d'Assas, 110, f. N. D. des Champs, 95. — Membre
     de la Convention et du Directoire. Il devint ministre dans
     les Cent-Jours, fit partie du gouvernement provisoire
     après Waterloo et fut ensuite exilé comme régicide. Né
     en 1753, m. en 1823.
17 Caroline, c. du Boulevard, 7, f. des Batignolles.
17 Caroline (pass.), c. blv. Batign., f. Caroline, 11.
 4 Caron, c. M. Ste-Cather., 9, f. de Jarente, 5. — Maître géné-
     ral des bâtiments du roi Louis XVI.
 6 Carpentier, c. du Gindre, 10, f. Cassette, 9.
18 Carrière, c. blv. Rochechouart, f. pl. St-Pierre.
18 Carrières, c. av. de Clichy, 38, f. de Maistre.
20 Carrières-B., c. blv. Amandiers, 101, f. pass. St-Louis.
16 Carrières (imp.), c. de Passy.
 1 Carrousel (pl.), c. pl. Napoléon, f. pl. Tuileries.
 1 Carrousel (pont), c. q. du Louvre, f. q. Voltaire.
20 Cascades, c. Ménilmontant, 93, f. de la Mare, 27.
 6 Casimir-Delavigne, c. M. le Prince, 12, f. pl. de l'Odéon.
     — Poëte lyrique et dram., membre de l'Ac.fr., fut l'écrivain
     de son temps le plus sympathique au public par son
     talent remarquable et par son libéralisme. Né en 1793,
     m. en 1843.
 7 Casimir-Périer, c. St-Dominique, 101, f. de Grenelle, 126.
     — Homme d'État, président du conseil sous Louis-Philippe.
     Né en 1777, m. en 1832.
 6 Cassette, c. de Rennes, 73, f. Vaugirard, 68.
11 Cassini, c. fg St-Jacques, 84, f. d'Enfer, 63. — Premier di-
     recteur de l'Observatoire de Paris, où il fit d'importantes
     découvertes. Né en 1625, m. en 1712.
 8 Castellane, c. Tronchet, 17, f. de l'Arcade, 30. — Maréchal
     de France. Né en 1788, m. en 1862.
 4 Castex, c. de la Cerisaie, 12, f. St-Antoine, 218. — Nom

Arr.

d'un colonel qui fut tué à la bataille d'Austerlitz.

1 Castiglione, c. de Rivoli, 231, f. St-Honoré, 235. — Ville d'Italie, où le général Bonaparte remporta, en 1796, sur les Autrichiens une grande victoire.

1 Catinat, c. de la Vrillière, 6, f. pl. des Victoires. — Maréchal de France, remporta sur le duc de Savoie la bataille de Staffarde, en 1690, et celle de Marsaille en 1693. Né en 1637, m. en 1712.

18 Cauchois, c. Lepic, 13, f. Constance.

18 Caulaincourt, c. blv. Clichy, f. du Mont-Cenis. — Duc de Vicence, prit part à presque toutes les guerres de la Rép. et de l'Empire. Né en 1827.

9 Caumartin, c. blv. des Capucines, f. St-Lazare, 105. — Prévôt des marchands de 1778 à 1784.

18 Cavé, c. Stéphenson, f. des Gardes, 16. — Mécanicien fr. et grand industriel, inventeur d'une série d'appareils de navigation. Né en 1773, m. en 1794.

20 Célestins (imp.), c. du Pressoir, 16.

4 Célestins (q.), c. du Petit-Musc, f. Noum. d'Huyères.

14 Cels, c. de Vanves, f. Fermat, 8.

20 Cendriers, c. blv. Ménilmont., f. des Amandiers, 77.

5 Censier, c. Geoff.-St-Hilaire, f. Mouffetard, 153.

8 Centre, c. Billault, f. av. Friedland, 25.

15 Cépré (pass.), c. blv. Grenelle, 89, f. Miollis.

4 Cérisaie, c. blv. Bourdon, 3, f. Petit-Musc, 26.

2 Chabanais, c. N. des P.-Champs, f. Rameau, 9.

1 Chabrand (cité), c. St-Honoré, 247.

10 Chabrol, c. Faisanderie, f. Spontini. — Préfet de la Seine de 1812 à 1830. Né en 1763, m. en 1843.

10 Chabrol, c. blv. Magenta, 85, f. Lafayette, 98.

10 Chabrol (cité), c. Chabrol, 25, f. Ferme-St-Lazare.

18 Chabrol (imp.), c. Philippe-de-Girard.

20 Chabrol (imp.), c. imp. de l'Industrie.

8 Chaillot, c. de Longchamps, f. av. Ch.-Elysées.

7 Chaise, c. de Grenelle, 31, f. de Sèvres, 18.

17 Chalabre, c. av. Clichy, 163, f. de l'Entrepôt.

16 Chalgrin, c. Lesueur, f. av. Uhrich. — Un des restaurateurs de l'art, Architecte de Louis XVIII, membre de l'Institut. Né en 1739, m. en 1821.

12 Chaligny, c. Erard, 1, f. fg St-Antoine, 200.

12 Châlons, c. de Rambouillet, 3, f. blv. Mazas, 20. — Ch.-lieu du dép. de la Marne.

12 Châlons (imp.), c. de Châlons, 14.

Arr.

13 Chamaillards (sentier), c. de Patay, f. blv. Masséna.
15 Chambéry, c. des Morillons f. Brancion. — Ch.-l. du dép. de la Savoie.
11 Chambéry, c. N.-des-Boulets, f. Charonne, 150.
14 Champ-d'Asile, c. pl. d'Enfer, f. ch. du Maine.
18 Champ-Marie (pass.), c. V.-Compoint, f. les champs.
7 Champ-de-Mars (blv.), c. p. d'Iéna, f. Ec. militaire.
7 Champ-de-Mars, c. Duvivier, f. av. Labourdonn.
7 Champagny, c. Cas.-Périer, 2, f. Martignac. — Conseiller d'Etat, ambassadeur et ministre sous Napoléon, qui le nomma duc de Cadore; fut pair de France sous la Restauration. Né en 1756, m. en 1834.
18 Championnet, c. av. St-Ouen, f. du Poteau. — Général fr. conquit en 1798 le roy. de Naples, où il établit la république parthénopéenne. Né en 1762, m. en 1800.
5 Champollion, c. des Ecoles, f. pl. de la Sorbonne. — Savant fr. qui retrouva et expliqua la langue perdue des hiéroglyphes. Né en 1790, m. en 1832.
16 Champs (des), c. Longchamps, f. Lubeck.
20 Champs (des), c. Bagnolet, 123, f. Partants.
8 Champs-Elysées (av.), c. pl. Concorde, f. pl. l'Etoile.
7 Chanaleilles, c. Vanneau, 24, f. Barbet-de-Jouy.
16 Chanez, c. Molitor, f. d'Auteuil.
1 Change (pont-au-), c. pl. du Châtelet, f. q. de l'Horloge.
4 Chanoinesse, c. Cloître-N.-D. f. d'Arcole.
12 Chantier (pass.), c. Charenton, 55, f. fg St-Ant.
5 Chantiers, c. Fossés-St-Bern, f. Card.-Lemoine.
4 Chantres, c. q. Napoléon, f. Chanoinesse.
20 Chanuts (ruelle), c. des Falaises.
3 Chapon, c. du Temple, 113, f. St-Martin, 232.
18 Chappe, c. des Trois-Frères, f. butte Montm. — Inventeur du télégraphe à ailes mobiles. Né en 1763, m. en 1800.
9 Chaptal, c. Pigalle, 49, f. Blanche, 68. — Fond. du collège ce nom.
18 Charbonnière, c. blv. de la Chapelle, f. Jessaint.
12 Charbonniers, c. de Châlons, f. Charenton, 108.
18 Chardonnière, c. Mont-Cenis, f. Poissonniers.
10 Charente (quai), c. q. de l'Oise, f. blv. Macdonald.
12 Charenton, c. fg St-Antoine, f. Poniatowski.
11 Chariot-d'Or (cour), c. fg St-Antoine, 173.
4 Charlemagne, c. St-Paul, 20, f. de Fourcy. — Roi de France en 768, emp. d'Occident en 800, régna jusqu'en 814.
4 Charlemagne (pass.), c. Charlemagne, f. St-Antoine.

Arr.

18 Charles-Albert (imp.), c. cité Falaize.
4 Charles V, c. du Petit-Musc, 17, f. St-Paul. — Roi de France et de Navarre de 1364 à 1380; il rétablit l'ordre et expulsa les Anglais de France.
15 Charlot (cité), c. de Vaugirard, 127.
3 Charlot, c. Quatre-Fils, 14, f. blv. du Temple, 27. — Pauvre paysan du Languedoc, qui devint riche financier au XVIIᵉ siècle.
17 Charlot-Ternes, c. Wagram, f. av. d'Essling.
12 Charolais, c. blv. de Bercy, f. Rambouillet. — Anc. pays de Bourgogne, auj. compris dans le dép. de Saône-et-Loire.
11 Charonne, c. fg St-Ant. 61, f. blv. de Charonne.
11 Charonne (blv.), c. ch. de Vincennes, f. des Rats, 2.
19 Charraud (cité), c. de Meaux, 26.
5 Chartière, c. St-Hilaire, 11, f. de Reims, 6.
18 Chartres, c. blv. de la Chapelle, f. Goutte-d'Or.
17 Chartres (imp.), c. de Jacquemont.
1 Chartres (périst.), c. gal. Chartres, f. de Montpens.
1 Chartres (gal.), c. g. du Th., Fr. f. périst. Montpens. — Philippe-Egalité, duc de Chartres, fit partie de la Convention, y vota la mort de Louis XVI. Né en 1747, m. sur l'échafaud en 1793.
18 Chasseloup-Laubat, c. Lepic, f. pl. St-Pierre. — Général fr. et représentant du peuple. Né en 1802, m. en 1863.
17 Chasseurs (av. des), c. blv. Pereire, f. blv. Malesherbes.
14 Château, c. ch. du Maine, 118, f. de Vanves, 41.
12 Château (cour du), c. blv. Mazas, 126, f. Reuilly, 39.
8 Chateaubriand, c. Billault, f. av. Friedland. — Grand écrivain, membre de l'Ac. fr., pair et ministre des aff. étrangères. Né en 1768, m. en 1848.
10 Château-d'Eau, c. blv. Magenta, f. fg St-Denis, 70.
3 Château-d'Eau (pl.), c. du Temple.
9 Châteaudun, c. Lafayette, 53, f. pl. de la Trinité. — Ch.-lieu d'arr. (Eure-et-Loir). En mémoire de l'héroïque défense opposée par la garde nationale de cette ville aux Prussiens, en 1870.
10 Château-Landon, c. fg St-Martin, 183, f. blv. de la Chapelle.
13 Château-des-Rentiers, c. blv. de la Gare, 171, f. blv. Masséna.
84 Château-Rouge (pl.), c. blv. Ornano. f. Poulet.
11 Châtelain, c. de l'Ouest, 97, f. de Vanves.
1 Châtelet (pl.), c. P.-au-Change, f. St-Denis, 2.
14 Châtillon (route), c. av. d'Orléans, 90, f. blv. Brune.

Arr.
9 Chauchat, c. Rossini, 8, f. Lafayette, 42. — Avocat au parlement, échevin de la ville de 1778 à 1780.
10 Chaudron, c. fg St-Martin, 241, f. Chât-Landon.
19 Chaufourniers, c. Meaux, 16, f. b. Chaumont.
3 Chaume, c. des Bl.-Mant., 26, f. des Quatre-Fils, 17.
9 Chaussée-d'Antin, c. blv. des Capucines, f. pl. Trinité.
14 Chaussée du Maine (av.), c. blv. Vaugir., f. d'Orléans.
16 Chaus.-de-la-Muette, c. Boulainvilliers, f. av. Prudhon.
10 Chausson (imp.), c. Grange-aux-Belles.
10 Chausson (pass.), c. du Ch.-d'Eau, f. blv. Magenta, 21.
8 Chauveau-Lagarde, c. blv. Malesh., 12, f. pl. de la Mad. — Célèbre avocat qui défendit Marie-Antoinette et Charlotte Corday. Né en 1765, m. en 1841.
15 Chauvelot, c. Brancion.
14 Chauvelot (pass.), c. Perceval, 36, f. Schomer, 9.
17 Chazelle, c. de la Terrasse, f. Courcelles, 96.
14 Chemin-d'Arcueil, c. la Glacière, 118, f. blv. Jourdan.
15 Chemin-des-Bœufs, c. des Fourneaux, f. Thibouméry.
19 Ch.-des Carrières, c. de Meaux, 28, f. de Puébla.
19 Ch.-des-Carrières (La Vill.), c. Mexico, f. blv. Sérurier.
19 Ch.-des-Carrières (imp.), c. Meaux, 28, f. de Puébla.
18 Ch.-des-Deux-Frères, c. Girardon.
14 Ch.-de-Fer, c. blv. de Vaugirard, 75, f. de Vanves, 36.
14 Ch.-de-Fer (imp.), c. Vandamme.
15 Ch.-de-Fer (imp.), c. blv. de Vaugirard, 17.
13 Ch.-de-Font.-à-Mulard, c. ch. des Peupliers.
15 Ch.-de-la-Grotte, c. Vaugirard, 399, f. Oliv.-de-Serres.
12 Ch.-des-Meuniers, c. Brèche-aux-Loups.
12 Ch.-de-Montempoivre, c. Sibuet, f. blv. Soult.
15 Ch.-du-Moulin, c. Dombasle, 42, f. blv. Lefèvre.
13 Ch.-du-Moulin-des-Prés, c. av. d'Italie.
20 Ch.-Neuf-de-Ménilm, c. Pelleport, f. blv. Mortier.
15 Ch.-des-Périchaux, f. blv. Lefèvre.
13 Ch.-du-Pot-au-Lait, f. blv. Kellermann.
14 Ch.-des-Plantes, c. Benard, f. blv. Brune.
12 Ch.-de-Reuilly, c. pl. Daumesnil, f. blv. Poniat.
18 Ch.-de-la-Santé, c. du Poteau.
11 Chemin-Vert, c. blv. Beaumarchais, f. blv. Ménilm.
11 Chemin-Vert (pass.), c. du Chemin-Vert, 45.
12 Chêne-Vert (cour), c. de Charenton, 50.
2 Chénier, c. Ste-Foy, 25, f. de Cléry, 96. — Auteur d'écrits politiques pleins de verve et de raison, de l'Appel au Peuple que signa Louis XVI, et de poésies admirables, inspirées

Arr.

par le génie de l'antiquité. Né en 1763, m. sur l'échafaud en 1791.

8   Cherbourg (gal.), c. de la Pépinière, f. Delaborde.

6   Cherche-Midi, c. du V.-Colombier, f. Vaugirard, 154.

17   Cherroy, c. blv. Batignolles, f. des Dames, 99.

2   Chérubini, c. Chabanais, 13, f. Ste-Anne, 56. — Célèbre
compositeur italien, directeur du Conservatoire de Paris.
Né en 1760, m. en 1842.

11   Cheval-Blanc (pass.), c. fg St-Antoine, 21, f. Roquette, 2.

13   Chevalerot, c. blv. de la Gare, 79.

20   Chevaliers (imp.), c. de Calais, 59. f. Belleville.

7   Chevert, c. av. Lat.-Maubourg, f. av. Tourville. — Militaire
d'une bravoure héroïque ; débuta comme simple soldat,
devint lieutenant-général ; mais le bâton de maréchal ne
lui fut point donné parce qu'il était né roturier. Né en
1695, m. en 1769.

9   Cheverus, c. pl. de la Trinité, f. la Trinité. — Cardinal et
archevêque de Bordeaux. Né en 1768, m. en 1836.

6   Chevreuse, c. N.-D.-des-Ch., 80, f. blv. Montp., 125.

20   Chine, (de la), c. Ménilm., 138, f. Sorbier. — Vaste empire
de l'Asie orient., dont la cap. est Pékin.

2   Choiseul, c. N.-St.-August., 18, f. blv. des Italiens. — Ambassadeur et membre de l'Ac. fr., auteur du *Voyage pitto-
resque en Grèce*. Né en 1752, m. en 1817.

2   Choiseul (pass.), c. Nve-des-Petits-Ch., f. N.-St.-Aug.

13   Choisy (route), c. blv. de la Gare 221, f. blv. Masséna.

7   Chomel, c. de la Chaise, f. de Babylone. — Médecin fr. Né
en 1788, m. en 1858.

10   Chopinette, c. St-Maur, 248, f. de la Villette, 35.

9   Choron, c. Maubeuge, 11, f. des Martyrs. — Musicien fr., auteur d'ouvrages estimés sur son art et fondateur d'un
institut de musique religieuse. Né en 1771, m. en 1834.

19   Chrétien (imp.), c. cité Philippe.

18   Christiani, c. blv. Ornano, f. Clignancourt.

6   Christine, c. G.-Augustins, 14, f. Dauphine, 33. — Fille
du roi Henri IV, et de Marie de Médicis. Née en 1606, m.
en 1663.

8   Christophe-Colomb, c. av. de l'Alma, f. av. Joséphine. —
Navigateur génois, dont le génie avait deviné qu'il y
avait au delà de l'Océan des terres inconnues. Découvrit
le nouveau monde, en 1492, après 65 jours de navigation. Né en 1441, m. en 1501.

10   Cimarosa, c. av. Roi-de-Rome, f. Lauriston. — Compositeur

Arr.

napolitain d'un grand talent. Né en 1754, m. en 1801.

13 Cimetière-du-Nord (av.), c. blv. de Clichy, 114.

18 Cimetière (imp.), c. des Poissonniers.

5 Cimetière-St-Benoît, c. St-Jacques, 109, f. Fromentel.

13 Cinq-Diamants, c. blv. d'Italie, f. B.-aux-Cailles, 26.

15 Cinq-Maisons (carref.), c. Héricart, f. Emeriau.

8 Cirque, c. av. Gabriel, 42, f. fg St-Honoré, 63.

6 Ciseaux, c. blv. Mazas, f. fg St-Antoine, 102.

4 Cité (de la), c. c. Napoléon, f. Nve-N.-Dame.

14 Cité-d'Antin (pass.), c. de l'Ouest, f. de Vanves, 24.

12 Citeaux (blv.), c. blv. Mazas, f. fg St-Antoine, 102.

17 Clairaut, c. av. Clichy, f. Lemercier. — Géomètre et astronome, appelé à 18 ans à l'Ac. des sc. et envoyé à 23 ans en Laponie pour mesurer un arc du méridien ; fut un des savants qui ajoutèrent le plus aux découvertes de Newton. Né en 1713, m. en 1765.

3 Clairvaux (imp.), c. St-Martin, 180.

8 Clapeyron, c. de St-Pétersb., f. blv. des Batign., 20. — Ingénieur fr., membre de l'Institut. Né en 1799, m. en 1864.

9 Clary, c. blv. Haussmann, 54, f. de Provence, 99.

16 Claude-Lorrain, c. Municipalité, f. Boileau. — Le meilleur peintre de paysage de toutes les écoles. Né en 1600, m. en 1682.

12 Claude-Vellefaux, c. Alibert, f. Gr.-aux-Belles. — Architecte de l'hôpital St-Louis.

9 Clausel, c. des Martyrs, 31, f. Bréda, 8. — Général de div. sous l'empire, gouv. de l'Algérie et maréchal de France sous Louis-Philippe. Né en 1772, m. en 1842.

19 Clavel, c. de Belleville, f. Fessart, 18.

5 Clef (de la), c. Fer-à-Moulin, 24, f. Lacépède, 15.

6 Clément, c. de Seine, 74, f. Mabillon. — Bénédictin, un des auteurs de l'*Art de vérifier les dates*. Né en 1714, m. en 1793.

7 Cler, c. St-Dominique, 193, f. av. Lam.-Piquet.

2 Cléry, c. Montmartre, 100, f. blv. B.-Nouvelle.

9 Clichy, c. St-Lazare, 80, f. blv. Clichy, 93.

17 Clichy (av.), c. pl. de Clichy, f. blv. Bessière.

9 Clichy (blv.), c. des Martyrs, 67, f. pl. de Clichy.

17 Clichy (pl.), c. blv. de Clichy, 140, f. blv. Batignolles.

18 Clignancourt, c. blv. Rochech., f. blv. Ney.

13 Clisson, c. Chevaleret, f. Nationale.

20 Cloche (de la), c. des Partants, f. Oiseaux.

4 Cloche-Percé, c. Franç-Miron, f. R. de Sicile, 27.

4 Cloître N.-D., c. q. Napoléon, f. d'Arcole.
1 Cloît.-St.-Honoré (pass.), c. des Bons-Enf., 5, f. C. des P.-Champs.
4 Cloît.-St-Jacques, c. Gr. Truanderie, 18. f. Turbigo, 14.
4 Cloît.-St.-Merri, c. du Renard, f. St-Martin, 80.
5 Clopin, c. Card.-Lemoine, f. d'Arras, 29.
5 Clopin (imp.), c. Descartes, 15.
20 Clos (du), c. St-Blaise, 58, f. Courat.
16 Clos (av.), c. Boileau, 60, f. Michel-Ange.
16 Clos (imp.), c. de la Municipalité.
5 Clos-Bruneau, c. Mont-Ste-Gen., 20.
1 Clos-Georgeau, c. Molière, f. Ste-Anne, 14.
20 Clos-Rasselin, c. des Orteaux, f. gr. r. de Montr.
20 Clos-Réglisse, c. des Orteaux, f. St-Blaise, 78.
5 Clotaire, c. pl. du Panthéon, 9, f. Fos. St-Jacques. — Fils de Clovis, roi de France, de 558 à 561.
5 Clotilde, c. Vieille-Estrapade, 8, f. pl. Ste-Genev.
5 Clovis, c. Card.-Lemoine, f. pl. Ste-Genev.—Roi de France, de 481 à 511, fut le véritable fondateur de la monarchie française.
19 Clovis (imp.), c. de Meaux, 76, f. Avenue.
18 Cloys, c. du Ruisseau, 31, f. les champs.
18 Cloys (pass.), c. de Cloys, 79, f. Marcadet, 186.
6 Coëtlogon, c. de Rennes, 92, f. d'Assas, 5.—Administ. fr.; ancien préfet; publia quelques romans et un Voyage en Algérie. Né en 1814.
14 Cœur-de-Vey, c. av. d'Orléans, 54.
2 Colbert, c. Vivienne, 9, f. de Richelieu, 60.—Contrôl. général des finances et ministre de la marine; l'un des plus grands hommes d'Etat qu'ait eus la France. Né en 1619, m. en 1683.
2 Colbert (pass.), c. N.-D.-des-P.-Champs, 6, f. Vivienne, 4.
8 Colisée, c. av. Ch.-Elysées, 50, f. fg St-Honoré, 97.
5 Collégiale, c. Fer-à-Moulin, f. blv. St-Marcel.
9 Collin (pass.), c. blv. de Clichy, 29, f. Duperré.
19 Colmar, c. de Crimée, 154, f. Evette.
4 Colombe (de la), c. q. Napoléon, f. Chanoinesse.
13 Colonie (de la), c. de l'Espérance.
2 Colonnes (des), c. du 4 Sept. f. Feydeau, 23.
7 Combes, c. Jean-Nicot, 6, f. Malar.
7 Comète (de la), c. St-Dominique, 155, f. de Gronelle, 158.
14 Commandeur (av.), c. Bezout, f. Montbrun.
15 Commerce (du), c. blv. de Grenelle, 147, f. Entrepreneurs.

Arr,

12 Commerce (cour), c. de Charenton, 60.
6 Commerce (cour), c. pass. du Commerce f. l'Anc.-Comédie,
6 Commerce (pass.), c. St-André-des-Arts, f. Ecole-de-Méd.
15 Commerce (pl.), c. du Commerce, f. Ecoles commun.
3 Commines, c. Turenne, 88, f blv.Fille-de-Calv.— Confident
   et ministre de Louis XI. Né en 1415, m. en 1500,
19 Compans, c. de Belleville, f. d'Hautpoul.
19 Compans (imp.), c. Compans, 51,
10 Compiègne, c. blv. Magenta, 122, f. de Dunkerque, 25.
   —Ch.-l. d'arr. du dép. de l'Oise. Jeanned'Arc y fut prise,
   en 1430, par les Anglais.
17 Compoint (imp.), c. Balagny, 30.
8 Concorde (pl.), c. Jard. des Tuileries, f. av. Ch.-Elysées.
7 Concorde (pont), c. pl. Concorde, f. q. d'Orsay,
6 Condé, c. desQuatre-Vents, f.Vaug., 22.—Duc de Bourbon
   et père du duc d'Enghien, fusillé à Vincennes. Né en
   1756, m. en 1830.
9 Condorcet, c. deMaubeuge,59, f.Martyrs, 58. — Ecrivain
   et philosophe célèbre; secr. perpét. de l'Acad. des sc. et
   membre de l'Acad. fr.; fit partie de la Convention, y
   siégea parmi les girondins, fut proscrit avec eux et s'em-
   poisonna le jour même de son arrestation. Né en 1743,
   m. en 1794.
8 Conférence (quai), c. 9, pl. Concorde, f. pont de l'Alma.
7 Conservatoire, c. Bergère, 12. f. Richer, 5.
18 Constance, c. Lepic, f. de Maistre.
4 Constantine, c. de la Cité, f. blv. du Palais. —Ville d'Algérie, prise d'assaut, en 1837, par les Français.
14 Constantine, c. Médéah, 17, f. d'Alésia.
18 Constantine (imp.), c. blv. de Clichy, 28.
4 Constantine (pont), c. q. de Béthune, f. q. St-Bernard.
8 Constantinople, c. pl. de l'Europe, f. Rocher, 92.— Capit.
   de la Turquie d'Europe et de tous les Etats ottomans.
3 Conté, c. Montgolfier, f. Breteuil.—Peintre et animiste, fit
   l'expéd. d'Egypte, où il rendit à l'armée de grands services. Né en 1755, m. en 1805.
6 Conti (imp.), c. q. de Conti, 11.
6 Conti (quai), c. Pont-Neuf, f. pont des Arts. — Nom de la
   branche cadette de la maison de Bourbon-Condé.
12 Contrescarpe (blv.), c. pl. Mazas, f. de Lyon, 53.
8 Copenhague, c. de Constantine, f. de Rome.—Cap. du Danemark.
16 Copernic, c. av. Roi-de-Rome, f. pl. Eylau.— Célèbre astro-

Arr.

nome qui a détrôné le système de Ptolémée, en démon-
trant l'immobilité du soleil et sa position centrale entre
les planètes tournant autour de lui. Né en 1475, m. en
1543.

15 Copreau, c. Blomet, 33, f. de Vaugirard, 202.
9 Coq (av.), c. St-Lazare, 99.
1 Coq-Héron, c. Coquillière, f. Pagevin.
4 Coq-St-Jean, c. de la Verrerie, 41.
1 Coquillière, c. Vauvilliers, 49, f. Cr.-d.-P.-Champs.
10 Corbeau, c. Bichat, 24, f. St-Maur, 169.
12 Corbes (pass.), c. de la Nativité, 42, f. Nicolaï.
12 Corbineau, c. de Bercy, 98, f. blv. de Bercy, 48.
13 Cordelières (des), c. blv. Arago, f. Pascal, 93.
14 Corderie (imp.), c. r. de Châtillon, 4.
3 Corderie (pl.), c. Dup.-Thouars, 10, f. Dupuis.
5 Cordiers, c. St-Jacques, 146, f. V.-Cousin, 7.
6 Corneille, c. pl. de l'Odéon, 7, f. de Vaugirard, 18. — Le
plus grand poëte fr., membre de l'Ac. fr. Tout le monde
connaît ses immortelles tragédies. Né en 1606, m. en 1684.
13 Cornes (des), c. du Banquier, 10, f. Le Brun.
18 Cortot, c. du Mont-Cenis, f. des Saules. — Sculpteur, auteur de l'*Apothéose* sur l'arc-de-triomphe de l'Etoile.
8 Corvetto, c. Freillard, f. de Lisbonne.
13 Corvisart, c. de Lourcine, f. blv. d'Italie. — Médecin de
Napoléon Ier, a écrit sur les maladies de cœur. Né en
1755, m. en 1821.
15 Corvisart (pass.), c. St-Paul, f. St-Charles.
1 Cossonnerie (de la), c. blv. Sébastopol, 30, f. P. Lescot, 8.
12 Côte-d'Or, c. de Bordeaux, f. de Bourgogne.
15 Cotentin, c. du Ch.-de-Fer, f. des Fourneaux. — Pays
de la Basse-Normandie, ainsi nommé de Coutances, sa
capitale.
16 Cothenet (imp.), c. de la Faisander., 8.
12 Cotte, c. de Charenton, 91, f. fg St-Antoine, 128. — Président au grand conseil de Louis XVI.
18 Cottin (pass.), c. Ramey, f. la Fontenelle, 14.
14 Couesnon, c. de Vanves, 21, f. du Château, 38. — Rivière
de France (Ille-et-Vilaine).
20 Cour-des-Noues, c. Pelleport, 29, f. du Ratrait.
20 Courat, c. St-Blaise, 44, f. des Orteaux.
8 Courcelles, c. Abbatucci, 66, f. blv. Berthier.
8 Courcelles (blv.), c. du Rocher, 101, f. av. Wagram.
17 Courcelles (pl.), c. blv. de Neuilly, f. blv. Péreire.

Arr.

20 Couronnes, o. blv. de Belleville, f. Julien-Lacroix.
20 Couronnes (imp.), c. des Couronnes,
18 Couronnes (imp.), c. Polonceau, 8, f. Cavé,
1 Courtalon, c. St-Denis, 65, f. pl. Ste-Opportune,
7 Courty, c. de Lille, f. de l'Université, 118.
18 Coustou, c. blv. de Clichy, 66, f. Lepic, 12. — Célèbre
    sculpteur dont les statues décorent Versailles et Paris.
    Né en 1638, m. en 1733.
4 Coutellerie, c. de Rivoli, 31, f. av. Victoria, 6.
3 Coutures-St-Gervais, c. de Thorigny, 7, f. V.-du-Temp., 66.
13 Coypel, c. blv. de l'Hôpital, f. av. des Gobelins.
6 Crébillon, c. Condé, 15, f. pl. de l'Odéon. — Poëte tra-
    gique, membre de l'Ac. fr. Né en 1674, m. en 1762.
9 Cretet, c. Bochart-de-Saron, f. Lallier.
4 Crillon, c. blv. Morland, 2, f. de l'Arsenal. — Grand capi-
    taine, ami de Henri IV, qui le nommait le plus brave du
    royaume. Né en 1541, m. en 1613.
19 Crimée, c. des Têtes, f. d'Aubervilliers. — Presqu'île entre
    la mer Noire et la mer Zabache, dans la Russie d'Europe,
    à laquelle l'isthme de Pérécop la réunit; célèbre cam-
    pagne de 1854 et 1855.
20 Crins (imp.), c. imp. de l'Industrie.
11 Croisades, c. de l'Ouest, f. de Constantine.
2 Croissant, c. du Sentier, 13, f. Montm., 146.
1 Cr.-des-Petits-Champs, c. St-Honoré, 172, f. pl. des Vict.
15 Croix-Nivert, c. pl. Cambronne, 7, f. Lecourbe.
6 Croix-Rouge (carr.), c. Grenelle, 1, f. de Sèvres.
20 Croix-St-Simon, f. St-Blaise, 80.
13 Croulebarbe (pass.), c. ruelle Barrault, f. N.-Désirée.
13 Croulebarbe, c. av. des Gobelins, f. Corvisart,
12 Crozatier, c. Charenton, 153, f. fg. St-Ant.
11 Crussol, c. blv. du Temple, 6, f. Fol. Méricourt. — Admi-
    nistrateur du grand prieuré en France, en 1788.
18 Cugnot, c. Riquet, 64, f. de l'Évangile.
5 Cujas, c. pl. du Panthéon, f. blv. St-Michel, 51. — Grand
    jurisconsulte. Né en 1520, m. en 1590,
3 Cunin-Gridaine, c. Turbigo, 47, f. St-Martin, 252. — In-
    dustriel fr., anc. ministre. Né en 1778, m. en 1859.
10 Curé (de la), c. de l'Assomption, f. Raffet.
18 Curé (ruelle), c. de la Chapelle, 83.
19 Curial, c. Riquet, 40, f. blv. Macdonald. — Général fr. et
    sénateur. Né en 1809, m. en 1861.
18 Custine, c. blv. Ornano, f. du Mont-Cenis. — Général en

Arr.

chef de l'armée du Rhin en 1792, doué d'une grand?
intrépidité. Né en 1740, guillotiné le 27 août 1793.

5 **Cuvier**, c. q. St-Bernard, f. Linné. — Un des plus grands
naturalistes, créateur de la paléontologie, fit faire des progrès
immenses à l'anatomie comparée et à la géologie. Né en
1769, m. en 1832.

14 **Cybelle** (sentier), c. de la Glacière, 80, f. blv. Jourdan.

1 **Cygne**, c. blv. Sébastop. 57, f. de Turbigo, 10.

D

14 **Daguerre**, c. av. d'Orléans, f. ch.-du-Maine. — Peintre fr.,
inventeur du diorama et de la daguerréotypie. Né en
1787, m. en 1851.

2 **Dalayrac**, c. Méhul, 4, f. Monsigny, 2. — Compositeur,
dont la musique est pleine de sentiment et de charme.
Né en 1753, m. en 1800.

14 **D'Alésia**, c. de la Glacière, f. ch.-d.-f. Ouest. — Ville de la
Gaule lyonnaise, qui soutint un siège fameux contre Jules
César, l'an 52 av. J.-C.

17 **Dames**, c. av. de Clichy, f. de Lévis.

13 **Damesme**, f. blv. Kellermann.

2 **Damiette**, c. c. des Miracles, 9, f. du Caire, 53. — Ville
de la Basse-Égypte, fut prise par les Français en 1798.

11 **Damoy** (cour), c. pl. de la Bastille, f. d'Aval, 14.

19 **Dampierre**, c. q. de la Gironde, f. de l'Argonne. — Général
fr., fut tué près de Valenciennes et reçut les honneurs
posthumes du Panthéon. Né en 1756, m. en 1793.

18 **Damrémont**, c. de Maistre, f. du Poteau. — Général fr.,
emporté par un boulet de canon devant Constantine, au
moment où l'assaut allait être livré à cette ville. Né en
1783, mort en 1837.

18 **Dancourt**, c. blv. Rochech. f. pl. Dancourt.

18 **Dancourt** (pl.), c. des Acacias, f. Dancourt. — Acteur et
auteur dram. ; ses comédies sont des monuments histor.
des mœurs de son temps. Né en 1671, m. en 1726.

16 **Dangeau**, c. de la Source, f. de la Cure. — Auteur et grammairien, membre de l'Ac. fr. Né en 1643, m. en 1723.

18 **Danger** (imp.), c. cité Falaise.

14 **Danville**, c. Daguerre, 39, f. Liancourt. — Savant géographe. Né en 1683, m. en 1782.

8 **Dany** (imp.), c. du Rocher, 42.

20 **Darcy**, c. N.-Ménilm., f. Haxo.

Arr.

14 Darcan, c. blv. St-Jacques, 19, f. av. d'Orléans, 51;

8 Daru, c. fg St-Honoré, 251, f. Courcelles, 75. — Membre de l'Inst., secrét. d'Etat sous l'empire, pair sous la Restaur., il illustra son nom dans les lettres par sa traduction en vers des œuvres d'Horace. Né en 1767, m. en 1829.

5 Daubenton, c. Geoff. St-Hilaire, f. Mouffet., 127. — Savant natural., collaborateur de Buffon. Né en 1716, m. en 1800.

12 Daumesnil (pl.), c. av. Daumesnil, f. Reuilly. — Général f., défendit vaillamment le château de Vincennes contre les alliés, en 1814. Né en 1772, m. en 1832.

12 Daumesnil (av.), c. de Lyon, f. porte de Picpus.

1 Dauphin, c. Rivoli, 196, f. St-Honoré, 197.

6 Dauphine, c. q. des Gr.-August., 61, f. Mazarine, 51.

6 Dauphine (pass.), c. Dauphine, 30, f. Mazarine.

1 Dauphine (pl.), c. de Harlay, f. Pont-Neuf.

17 Dautancourt, c. av. Clichy, f. Dany.

11 D'Aval, c. blv. Beaum. 28, f. Roquette, 15. — Echevin de 1777 à 1779.

16 David, c. de la Tour, 56, f. Scheffer. — Peintre qui ramena en France le goût des études sévères dans l'art d'imitation. Auteur d'une esquisse de toute beauté : *le Serment du jeu de paume*. Né en 1748, m. en 1825.

20 Davout (blv.), c. porte Vincennes, f. p. Bagnolet. — Maréchal de France, duc d'Auerstœd et prince d'Ekmülh, ministre de la guerre dans les Cent-Jours, il fut chargé de la défense de Paris après Waterloo. Né en 1770, m. en 1823.

17 Davy, c. av. St-Ouen, f. Balagny. — Chimiste anglais, inventeur de la lampe de sûreté pour les mineurs. Né en 1778, m. en 1829.

17 Debarcadère, c. av. Gr.-Armée, f. pl. St-Ferdinand.

3 Debelleyme, c. Turenne, 83, f. Turenne. — Préfet de police. Né en 1787, m. en 1862.

11 Debille (cour), c. de la Roquette, 118.

13 Debille (pass.), c. Ch.-des-Rentiers, f. Nationale, 28.

16 Decamps, c. de la Pompe, 58, f. de Longchamps, 43. — Grand peintre fr., auteur de plusieurs œuvres remarquables. Né en 1803, m. en 1860. — Beau-père de M. E. Dentu, le célèbre éditeur.

1 Déchargeurs, c. Rivoli, 122, f. des Halles, 9.

18 Decrès, c. de la Process., 144, f. d'Alésia. — Amiral et ministre de la marine. Né en 1765, m. en 1820.

2 Degrés, c. de Cléry, 89, f. Beauregard, 50.

18 Dejean, c. des Poissonniers, 35, f. Ramey. — Général du génie, ministre de la guerre de 1802 à 1807. Né en 1749, m. en 1824.

8 Delaborde, c. du Rocher, 15, f. Miroménil. — Préfet de la Seine et membre de l'Institut. Né en 1773, m. en 1843.

8 Delaborde (pl.), c. Delaborde, 14, f. la Bienfais.

20 Delaitre, c. des Panoyaux, 55, f. Ménilmont., 42.

11 Delambre, c. blv. d'Enfer, 2, f. blv. Montrouge, 56. — Célèbre astronome, mesura la méridienne de France, et décida la question de la figure de la terre. Né en 1749, m. en 1822.

16 Delaroche, c. Vital, 5, f. pl. Passez. — Célèbre peintre d'histoire, membre de l'Institut. Né en 1797, m. en 1856.

18 Delaruelle (pass.), c. Lagille, f. les champs.

11 Delaunay (imp.), c. de Charonne, 123.

11 Delaunay (imp.), c. Folie-Regnault, 40.

11 Delaye (cité), c. de Montreuil, 110.

15 Delecourt (av.), c. Violet, 55.

11 Delépine (cour), c. de Charonne, 37.

16 Delessert, c. pl. Roi de Rome, f. Franklin. — Préfet de police. Né en 1789, m. en 1858.

1 Delorme (pass.), c. de Rivoli, 188, f. St-Honoré, 177.

9 Delta, c. fg Poisson., 179, f. Rochechouart, 24.

18 Demi-Lune (pl.), c. la Chapelle, 129.

17 Demours, c. av. Ternes, f. blv. Neuilly. — Célèbre oculiste. Né en 1762, m. en 1836.

4 De Mousi, c. de la Verrerie, f. Cr. de la Breton. — Echevin en 1530.

10 Denain (blv.), c. blv. Magenta, 114, f. Dunkerque, 23. — Ville de l'arr. de Valenciennes. Grande victoire de Villars, sur le prince Eugène en 1712.

20 Denoyez, c. de Belleville, f. Ramponneau.

14 Deparcieux, c. ch. d'Asile, f. en impasse.

14 Départ (du), c. blv. Montparn., 54, f. blv. Montrouge, 76.

18 Département, c. de Tanger, f. de la Chapelle, 34.

18 Deprez, c. de Constantine, 77, f. de l'Ouest, 82.

15 Desaix, c. av. Suffren, f. blv. de Grenelle. — Illustre général, fit partie de l'expéd. d'Egypte, contribua à la victoire de Marengo où il fut tué. Né en 1768, m. en 1800.

4 Desaix (quai), c. pont N.-Dame, f. p. au Change.

16 Desaugiers, c. d'Auteuil, f. du Buis. — Auteur de vaudevilles et de chansons pleines de verve et de gaieté. Né en 1772, m. en 1827.

Arr.

10 Desbordes-Valmore, c. Ste-Claire, f. de la Tour. — Femme
 de lettres fr. Née en 1786, m. en 1859.
 5 Descartes, c. Mont.-Ste-Gen., f. Thouin, 10. — Régénéra
 la philosophie, expliqua la véritable loi de la réfraction, et
 fit faire un pas immense aux mathématiques par l'appli-
 cation de l'algèbre à la géométrie. Né en 1596, m. en 1650.
20 Deschamps (pass.), c. blv. Belleville, f. du Pressoir, 17.
17 Descombes, c. de Louvain, f. blv. Gouv.-S.-Cyr.
 8 De Sèze, c. Basse-des-Remp., f. pl. Madeleine. — Avocat;
 défendit Louis XVI devant la Conv. Né en 1750, m. en 1828.
 7 Desgenettes, 2, av. Labourdonn., f. av. Rapp. — Médecin en
 chef de l'armée d'Egypte; s'inocula la peste à Jaffa en
 présence des soldats pour relever leur courage abattu par
 ce fléau. Né en 1750, m. en 1837.
10 Désir (pass.), c. fg St-Martin, 80, f. fg St-Denis.
20 Desirée, c. des Partants, 22, f. des Poiriers.
13 Desirée (imp.), c. Moulin-des-Prés, 11.
15 Desnouettes, c. de Vaugirard, 352, f. blv. Victor.
17 Desrenaudes, c. blv. Courcelles, f. av. Wagram.
 1 Deux-Boules, c. des Lavandières, f. Bertin-Poirée.
17 Deux-Cousins (imp.), c. de la Font.-des-Ternes, 9.
 1 Deux-Ecus, c. Vauvilliers, 15, f. J.-J.-Rousseau, 22.
18 Deux-Frères (imp.), c. Ch.-de-la-Santé.
10 Deux-Gares, c. fg St-Denis, f. d'Alsace.
14 Deux-Lions (imp.), c. blv. Jourdan.
 1 Deux-Pavillons (pass.), c. Beaujolais, 8, f. Nve-des-P.-Ch.
 4 Deux-Ponts, c. q. d'Orléans, f. q. d'Anjou, 43.
 4 Deux-Portes-S.-Jean, c. Tiquetonne, f. Thévenot, 11.
 9 Deux-Sœurs (pass.), c. de Rivoli, 52, f. la Verrerie, 31.
 2 Deux-Portes-St-Sauveur, c. fg Montm. 42, f. Lamartine.
20 Dhéron (imp.), c. pass. Ronce, 16.
20 Dhuis (de la), c. Pelleport, 148, f. du Télégraphe.
20 Dhuis (de la), c. pl. de Puébla, f. blv. Mortier.
18 Diard, c. Marcadet, 125, f. la Butte.
19 Didier (pass.), c. Asselin.
17 Dier (pass.), c. av. de Clichy, 172, f. Marcadet.
10 Dieu, c. de l'Entrepôt, 20, f. q. de Valmy.
20 Dieu (imp.), c. des Halles, 83.
20 Divos (ruelle), c. des Champs, 7, f. de Puébla.
16 D'Obligado, c. Chalgrain, f. av. de la Gr.-Armée. — Lieu
 situé sur le Parana. Des flottes de France et d'Angleterre
 y battirent, le 20 nov. 1815, les troupes de Rosas, dicta-
 teur de la Plata, et forcèrent l'entrée du Parana.

Arr.

17 Docteur (du), c. Marcadet, f. blv. Bessière.
5 Domat, c. des Anglais, 10, f. blv. St-Germ., 70. — Jurisconsulte célèbre par ses ouvrages sur les lois romaines. Né
en 1625, m. en 1695.
15 Dombasle, c. de Vaugirard, 353, f. Abbé-Groult. — Agronome; perfectionna l'agriculture. Né en 1777, m. en 1843.
16 Dôme (du), c. Lauriston, 61, f. av. d'Eylau.
13 Domrémy, c. du Chevaleret, f. Ch.-des-Rentiers. — Village
de l'arr. de Neufchâteau (Vosges); patrie de Jeanne d'Arc.
16 Donizetti, c. d'Auteuil, f. Poussin. — Compositeur italien,
auteur de 60 opéras, parmi lesquels on distingue surtout
Anna Bolena et *Lucia*. Né en 1798, m. en 1848.
3 Doré (cité), c. Jenner, f. pl. Pinel.
4 D'Ormesson, c. Turenne, 3, f. Sévigné, 6. — Famille de
robe, qui a donné à la France plusieurs magistrats illustres.
16 Desne, c. de la Pompe, f. av. Bugeaud.
9 Douai, c. Pigalle, 65, f. blv. de Clichy, 77. — Ch.-l. d'arr.
dép. du Nord.
10 Douane (de la), c. pl. Chât.-d'Eau, f. q. de Valmy, 169.
4 Double (pont), c. pl. du Parvis, f. q. Montebello.
18 Doudeauville, c. de la Chapelle, 57, f. Poissonniers, 33.
18 Doudeauville (pass.), c. Doudeauv., f. Marcadet. — Grand
philantrope, qui coopéra à une foule de bonnes œuvres.
Né en 1765, m. en 1841.
6 Dragon, c. Taranne, 15, f. de Grenelle, 2.
6 Dragon (cour), c. de Rennes, 50, f. du Dragon, 7.
18 Drevet, c. Léonie, f. du Poirier.
12 Driancourt (imp.), c. de Cîteaux.
15 Drouet (pass.), c. des Morillons.
9 Drouot, c. blv. des Italiens, f. Lafayette, 60. — Brave et
habile général d'artillerie, suivit Napoléon à l'île d'Elbe.
Né en 1774, m. en 1847.
12 Droulnot (imp.), c. de Cîteaux.
10 Duball (pass.), c. Vinaigriers, 50, f. fg St-Martin, 120.
20 Dubois (imp.), c. du Pressoir, 22.
20 Dubois (pass.), c. Vilin, 48, f. pass. d'Isly.
13 Dubois (pass.), c. Cinq-Diamants, f. ruelle Barrault.
4 Ducolombier, c. St-Ant., 115, f. Dormesson. — Conseiller
du roi en 1781.
14 Duconëdic, c. Tombe-Issoire, 48, f. av. d'Orléans. — Offi-
cier de marine d'une grande bravoure; m. en 1770.
20 Duée (de la), c. des Pavillons, 20, f. de Calais, 91.

16 **Dufrénoy**, c. av. Bugeaud, f. blv. Lannes. — Peintre et poëte; auteur d'un poëme latin *de Arte graphica*. Né en 1611, m. en 1665.

12 **Dugommier**, c. blv. Reuilly, f. av. Daumesnil. — Général fr.; battit plusieurs fois les Espagnols. Né en 1736, m. en 1794.

6 **Duguay-Trouin**, c. d'Assas, 56, f. de Fleurus, 10. — Célèbre amiral; se signala dans plusieurs guerres et purgea les mers du Levant des corsaires tunisiens. Né en 1673. m. en 1736.

15 **Duguesclin**, c. Hoche, f. Dupleix. — Grand général; chassa les Anglais de la France. Né en 1314, m. en 1380.

18 **Duhesme**, c. Marcadet, f. Belliard. — Général fr.; prit part aux combats les plus meurtriers et périt à Watterloo. Né en 1766, m. en 1815.

15 **Dulac** (pass.), c. Vaugirard, 159. f. Fourneaux, 26.

17 **Dulong**, c. des Dames, 86. f. Cardinet. — Médecin; fit plusieures importantes découvertes. Né en 1785, m. en 1838.

13 **Duméril**, c. blv. St-Marcel, f. blv. de l'Hôpital. — Médecin; membre de l'Institut et de l'Ac. de méd. Né en 1774, m. en 1860.

16 **Dumont-Durville**, c. Galilée, f. av. d'Iéna. — Célèbre navigateur, fit de précieuses découvertes en géographie et en hist. naturelle. Né en 1791. Périt avec sa femme et son fils, dans l'incendie des wagons sur le ch.-de-fer de Versailles en 1842.

9 **Dunkerque**, c. d'Alsace, f. Rochechouart, 76.

13 **Dunois**, c. Domrémy, f. blv. de la Gare, 109. — Un des meilleurs capitaines du xv° siècle; il partagea les exploits de Jeanne d'Arc, enleva Paris aux Anglais et contribua à les chasser de Normandie. Né en 1407, m. en 1468.

9 **Duperré**, c. Font. St-Georges, f. pl. Pigale, 5. — Amiral; contribua à la prise d'Alger. Né en 1775, m. en 1846.

3 **Du Petit-Thouars**, f. du Temple, 170. — Capitaine de vaisseau; commanda le *Tonnant* à Aboukir, où il périt glorieusement. Né en 1760, m. en 1798.

1 **Duphot**, c. St-Honoré, 382, f. blv. de la Madel. — Général fr.; fut assassiné à Rome dans une émeute. Né en 1710, m. en 1797.

5 **Dupin**, c. de Sèvres, 47, f. Cherche-Midi, 50. — Jurisconsulte, président de la Législative, sénateur, membre de l'Institut. Auteur de nombreux ouvrages. Né en 1783, m. en 1865

Arr.

15 **Dupleix**, c. av. de Suffren, f. blv. de Grenelle, 102. — Gouverneur de l'Inde fr., qu'il administra avec un génie sup.; m. en 1763.

15 **Dupleix** (pass.), c. Dupleix, 16.

15 **Dupleix** (pl.), c. Dupleix, 35.

15 **Dupleix** (ruelle), c. av. Lam.-Piquet, f. pl. Dupleix.

11 **Dupont** (cité), c. St-Maur-Pop., 40.

19 **Du Pré**, c. de Belleville, f. blv. Sérurier.

3 **Dupuis**, c. Dupetit-Thouars, 6, f. Béranger. — Membre de la Conv. et du conseil des Cinq-Cents. Célèbre par son *Origine des cultes*. Né en 1742, m. en 1809.

6 **Dupuytren**, c. Ec.-de-Méd., 29, f. M.-le-Prince. — Grand anatomiste; fonda la chaire d'anatomie pathologique et créa le musée qui porte son nom. Né en 1777, m. en 1835.

7 **Duquesne** (av.), c. Lam.-Piquet, f. blv. des Invalides. — L'un des premiers marins de la France; livra à l'amiral Ruyter la célèbre bataille de Messine, détruisit les vaisseaux barbaresques, força le dey d'Alger à délivrer les esclaves chrétiens et le doge de Venise à s'humilier à Versailles. Né en 1610, m. en 1668.

11 **Durantin**, c. St-Maur, f. Folie-Regnault. — Premier président au parlem. en 1581; s'opposa à la Ligue, et fut tué en 1589.

18 **Durantin**, c. Ravignan, f. Burcq.

8 **Duras**, c. fg St-Honoré, 80, f. Montalivet. — Pair et maréchal de France, membre de l'Académie fr. Né en 1715, m. en 1789.

15 **Durchon** (imp.), c. de Javel, 167.

16 **Duret**, c. av. Uhrich, f. av. Gr.-Armée. — Sculpteur fr. auteur du groupe de la fontaine St-Michel. Né en 1804, m. en 1865.

20 **Duris**, c. des Amandiers, 37, f. des Cendriers, 24.

11 **Durmar** (cité), c. Oberkampf, 151.

7 **Duroc**, c. blv. des Invalides, 51, f. av. Breteuil, 67. — Général distingué; chéri de Napoléon, qui le nomma duc de Frioul. Né en 1772, tué à la bataille de Würtschen en 1813.

5 **Du Sommerard**, c. des Carmes, f. blv. St-Michel. — Célèbre antiquaire; fondateur du musée de Cluny. Né en 1770, m. en 1812.

15 **Dutot**, c. Bargue, f. pl. d'Alleray. — Économiste distingué du XVIIIe siècle.

7 **Duvivier**, c. de Grenelle, 857, f. av. Lam.-Piquet. — Gé-

néral fr., membre de la Constituante de 1818, Né en 1791 tué en juin 1848.

E

16 Eaux (pass. des), c. q. de Passy, 21, f. Raynouard.
7 Eblé, c. blv. des Invalides, 44, f. av. de Breteuil. — Général du génie; se distingua surtout sur la Bérésina, où il sauva 51,000 hommes au moyen de deux ponts qu'il établit et maintint, malgré les plus grandes difficultés. Né en 1758, m. en 1812.
6 Echaudé (de l'), c. de Seine, 42, f. pl. Gozlin, 4.
1 Echelle de l'), c. de Rivoli, 184, f. av. Napoléon.
10 Echiquier (de l'), c. fg St-Denis, f. fg Poisson., 18.
3 Echiquier (imp.), c. du Temple, 108.
10 Ecluses-St-Martin, c. Grange-aux-Belles, f. fg St-Martin, 186.
9 Ecole (imp. de l'), c. N.-Coquenard, 15.
1 Ecole (pl. de l'), c. q. du Louvre, f. de l'Arbre-Sec.
6 Ecole-de-Médecine (pl.), c. Ec.-de-Méd., f. Ant.-Dubois.
6 Ecole-de-Médecine, c. blv. St-Michel, 28, f. Buci.
5 Ecole-Polytechn. (pl.), c. Descartes, f. Mont.-Ste-Gen.
5 Ecole-Polytechn., c. Mont.-Ste-Gen., f. des Sept-Voies.
5 Ecoles (des), c. Card.-Lemoine, f. blv. St-Michel.
5 Ecosse (d'), c. St-Hilaire, 3, f. du Four, 10.
4 Ecouffes (des), c. de Rivoli, 26, f. des Rosiers, 21.
8 Ecuries-d'Artois, c. de Mac-Mahon, f. fg St-Honoré.
4 Eginhard, c. St-Paul, 31, f. Charlemagne, 6.
15 Eglise de l'), c. Grenelle, f. St-Louis.
15 Eglise (imp. de l'), c. Grenelle, f. de l'Eglise, 10.
15 Eglise (pl. de l'), c. Entrepreneurs, f. Eglise.
10 Egout (imp. de l'), c. fg St-Martin, 21.
20 Elisa-Borey, c. des Amandiers, 70, f. Champs.
10 Elisa-Langlois (pass.), c. Av. Clichy, 123, f. de l'Entrepôt.
8 Elysée (de l'), c. av. Gabriel, f. fg St-Honoré.
18 Elysée-des-B.-Arts, c. blv. Clichy, 22, f. Abbesses.
6 Elzévir, c. Fr.-Bourgeois, 22, f. Parc-Royal, 21. — Famille célèbre au XVII⁰ siècle, qui s'est immortalisée par des chefs-d'œuvre de typographie.
15 Emeriau, c. Linois, f. des Usines.
11 Emile-Lepeu, c. des Boulets, 86.
20 Emmery, c. de Puebla, f. des Rigoles.
16 Empereur (av.), c. pl. de l'Alma, 12, f. p. de la Muette,

Arr.

15 Enfants-Jésus (imp. de l'), c. de Vaugirard, 146.
 3 Enfants-Rouges, c. Pastourel, f. Portefoin.
 5 Enfer (d'), c. blv. St-Michel, 105, f. pl. d'Enfer.
14 Enfer (av. d'), c. Campagne-Prem., f. blv. d'Enfer.
14 Enfer (blv. d'), c. blv. Montparnasse, 91, f. pl. d'Enfer.
14 Enfer (pl. d), c. d'Enfer, 110, f. av. d'Orléans.
10 Enghien (d'), c. fg St-Denis, 45, f. Poissonn., 22. — Fils
        du duc de Bourgogne. Né en 1772, fusillé à Vincennes
        le 18 mars 1804.
10 Entrepôt (de l'), c. fg du Temple, 13, f. de Lancry.
17 Entrepôt (de l'), Bat. c. Cardinet, f. blv. Bessières.
19 Entrepôt (imp. de l'), c. d'Aubervilliers, 32.
15 Entrepreneurs, c. q. de Javel, f. Croix-Nivert, 102.
19 Entrepreneurs (pass. des), c. Curiol, f. Crimée.
15 Entrepreneurs (pass. des), c. Entrepr., f. pl. du Com.
20 Envierges (des), c. de la Mare, 20, f. Piat.
20 Envierges (pass.), c. Julien-Lacroix, f. Vilin.
20 Envierges (cité), c. des Envierges, 15.
 5 Epée-de-Bois (de l'), c. Monge, f. Mouffetard.
 6 Eperon (de l'), c. St-And.-des-Arts, 41, f. Jardinet.
12 Epinette (de l'), c. av. Daumesnil, f. blv. Soult.
17 Epinettes (des), c. Marcadet, f. blv. Bessières.
12 Erard, c. Charenton, 155, f. de Reuilly. — Grand indus-
        triel; célèbre facteur des pianos. Né en 1791, m. en 1855.
 6 Erfurth (d'), f. Gozlin, 24. — Ville forte de la Saxe prus-
        sienne; un célèbre congrès s'y tint en 1808, où assis-
        tèrent Napoléon et Alexandre et presque tous les souverains
        de la Conféd. germanique.
16 Erlanger, c. blv. Murat, f. d'Auteuil.
20 Ermitage (de l'), c. Ménilmontant, f. de Puebla.
20 Ermitage (villa), c. de l'Ermitage, 14.
18 Ernestine, c. de Jessaint, f. Marcadet.
20 Espérance (imp.), c. imp. de l'Industrie.
13 Espérance (de l'), c. Butte-aux-Cailles, f. de la Colonie.
13 Esquirol, c. pl. Pinel, f. blv. de l'Hôpital, 109. — Médecin
        philantrope; se consacra à l'amélioration du sort des alié-
        nés. Né en 1772, m. en 1844.
 5 Essai (de l'), c. Poliveau, 35, f. blv. St-Marcel.
17 Essling (av. d'), c. pl. de l'Etoile, f. av. Ternes. — Ville
        d'Autriche; théâtre d'une grande victoire remportée en
        1809 sur les Autrichiens par le maréchal Masséna.
20 Est (de l'), c. de Puebla, f. de Calais, 86.
10 Est (cité de l'), c. blv. la Chapelle, 11.

Arr.

19 Est-Pradier, c. Reboval, 63, f. de Puebla.
4 Estacade (passerelle), c. q. Henri IV, f. q. Béthune.
5 Estrapade (pl.), c. Fossés-St-Jacq., f. Nouv.-Estrap.
7 Estrée (d'), c. blv. des Jur. f. pl. Fontenoy. — Maréchal de
    France; contribua au gain de la bataille de Fontenoy,
    en 1745. Né en 1603, m. en 1771.
8 Etoile (pl. de l'), c. av. Ch.-Elysées, f. av. Gr.-Armée.
2 Etoile (imp. de l'), c. Thévenot, 28.
17 Etoile (de l'), Ternes, c. Wagram, f. des Acacias.
11 Etoile-d'Or (imp. de l'), c. fg St-Antoine, 75.
16 Eugène-Delacroix, c. de la Tour, f. Decamps. — Célèbre
    peintre fr.; chef de l'école dite romantique. Né en 1798,
    m. en 1863.
8 Euler, c. Bassano, f. av. Joséphine. — Célèbre géomètre,
    se distingua comme physicien et philosophe, par ses
    Lettres à une princesse d'Allemagne. Né en 1707, m. en 1783.
20 Eupatoria(d'), c. J.-Lacroix, f. de la Mare, 96. — Ville et
    port de Crimée; occupé par l'armée anglo-française de
    1854 à 1856.
8 Europe (pl. de l'), c. de Berlin, f. Constantinople.
18 Evangile (de l'), c. Torcy, f. d'Aubervilliers.
20 Eveillard (imp.), c. Sorbier.
1 Evêque (de l'), c. av. Napoléon, f. des Orties.
19 Evette, c. q. de la Marne, 10, f. de Thionville.
16 Exelmans (blv.), c. q. d'Auteuil, f. d'Auteuil. — Général
    fr.; commanda avec bravoure la garde imp. à Waterloo.
    Né en 1775, m. en 1852.
11 Eylau (av.), c. pl. de l'Etoile, f. av. de l'Emp.
16 Eylau (pl. d'), c. av. d'Eylau, f. av. Malakoff. — Ville de la
    Prusse orientale; théâtre d'une grande victoire remportée
    par Napoléon sur les Russes en 1807.

F

7 Fabert, c. q. d'Orsay, 30, f. de Grenelle, 116. — Maréchal
    de France d'une grande bravoure. Né en 1599, m. en 1662.
11 Fabriques (cour des), c. d'Angoulême, 70.
13 Fagon, c. Godefroy, f. blv. de l'Hôpital. — Premier mé-
    decin de Louis XIV, membre de l'Institut. Né en 1638,
    m. en 1718.
16 Faisanderie (de la), c. av. Uhrich, f. av. d'Eylau.
18 Falaise (pass.), c. cité Falaise, f. les champs.
18 Falaise (cité), c. du Poteau.

Arr.

20 Falaises (des), c. v. route de Belleville.
17 Faldony (imp.), c. Salneuve, 25.
17 Faraday, c. Lebon, f. Bayen. — Célèbre physicien anglais;
    il a particul. étudié l'électricité dans ses rapports avec la
    lumière et la chaleur. Né en 1791, m. en 1867.
 9 Faub.-Montm. c. blv. Montm. f. Lamartine.
19 Fg-Poissonnière, c. blv. Poisson. f. blv. Magenta.
11 Fg-St-Antoine, c. pl. de la Bastille, f. pl. du Trône.
10 Faub.-St-Denis, c. porte St-Denis, f. pl. de la Chapelle.
14 Faub.-St-Jacques, c. blv. de Port-Royal, f. pl. St-Jacques.
 8 Faub.-St-Honoré, c. Royale, f. av. Wagram.
10 Faub.-St-Martin, c. porte St-Martin, f. blv. Villette.
10 Faub.-du-Temple, c. pl. Château-d'Eau, f. blv. Belleville.
19 Faucheux (pass.), c. de Lévis, 20.
 4 Fauconnier, c. q. des Célestins, 31, f. Charlemagne, 10.
17 Fauconnier (imp.), c. de Lévis.
18 Fauvet, c. av. St-Ouen, f. des Carrières.
 2 Favart, c. de Grétry, f. blv. des Italiens. — Auteur de
    plusieurs comédies jouées au Théâtre-Français et de
    beaucoup d'opéras-comiques. Né en 1710, m. en 1772.
15 Favorites (des), c. de Vaugirard, 271, f. pl. d'Alleray.
12 Fécamp, c. ch. des Meuniers, f. av. Daumesnil.
 5 Félibien, c. Clément, f. Lobineau. — Bénédictin, auteur
    de l'Histoire de la ville de Paris, m. en 1719.
17 Félicité (de la), c. Saussure, 107, f. d'Asnières.
15 Félicité (imp. de la), c. la Procession, 12.
10 Fénelon (de), c. d'Abbeville, 2, f. Belzunce. — Arche-
    vêque de Cambray; fut un des plus beaux génies de la
    France. Auteur du Télémaque, ouvrage qui a attaché à
    son nom l'admiration universelle. Né en 1651, m. en
    1715.
 9 Fénelon (cité), c. Nve-Coquenard, f. Nve-Fénelon.
 9 Fénelon (pass.), c. cité Fénelon, f. Nve-Fénelon.
15 Fenoux, c. de l'Abbé-Groult, f. Gerbert.
 5 Fer-à-Moulin, c. Fos.-St-Marcel, f. Mouffet.
 8 Ferdinand-Berthoud, c. Montgolfier, f. Vaucanson. —
    Inventeur des horloges marines, membre de l'Institut.
    Né en 1727, m. en 1807.
17 Ferdinandville (cité), c. blv. Pereire, 18.
14 Fermat, c. du Champ-d'Asile, f. Daguerre, 76.
20 Ferme (cour de la), c. de Belleville, 80.
15 Ferme-de-Grenelle, c. av. Lam. Piquet, f. av. Suffren.
 8 F.-D.-Mathurins, c. B.-du-Rempart, 78, f. Tronchet, 26.

Arr.

10 Ferme-St-Lazare, c. blv. de Magenta, 79, f. de Chabrol, 5.
17 Fermiers, c. Saussure, 91, f. d'Asnières.
 5 Férou, c. pl. St-Sulpice, 7, f. de Vaugirard, 50.
 1 Ferronnerie, c. St-Denis, 87, f. des Halles, 22.
14 Ferrus, c. blv. St-Jacques, 3, f. Cabanis. — Célèbre médecin; membre de l'Ac. de méd. Né en 1784, m. en 1863.
19 Fessart, c. de Vera-Cruz, f. de la Villette, 29.
19 Fessart (imp.), c. Fessart, 30.
19 Fêtes (des), c. de Belleville, f. Compans.
19 Fêtes (pl. des), c. des Fêtes, 14, f. Compans. 42.
15 Feuguières (ruelle), c. St-Lambert, f. Desnouettes.
 5 Feuillantines (des), c. St-Jacques, 261, f. Mouffet.
10 Feuillet (pass.), c. Ecluses-St-Martin, f. Canal-St M.
18 Feutrier, c. St-André, 8, f. Ste-Marie. — Evêque de Beauvais; fit partie, en 1820, du ministère Martignac. Né en 1785, m. en 1830.
 2 Feydeau, c. Montmartre, 143, f. Richelieu, 82.
 2 Feydeau (galerie), c. St-Marc, 10, f. gal. des Variétés. — Famille de magistrats très-connue au XVIIe s.
10 Fidélité (de la), c. blv. Strasbourg, 75, f. Fg.-St-Denis, 90.
 4 Figuier (du), c. Charlemagne, 23, f. de l'H.-de-Ville.
 3 Filles-du-Calv. (des), c. Turenne, 91, f. blv. même nom.
 3 Filles-du-Calv. (blv.), c. Pont-aux-Choux, f. Oberkampf.
 2 Filles-Dieu (des), c. St-Denis, 337, f. d'Aboukir, 104.
 2 Filles St-Thomas (des), c. Vivienne, 25, f. Richelieu.
18 Fillettes (des), c. Boucry, f. en impasse.
20 Finet (imp.), c. des Amandiers, 88.
19 Flandres (de), c. blv. La Villette, 200, f. blv. Macdonald.
16 Flandrin (blv.), c. Dufrenoy, f. av. de l'Emp. — Peintre fr.; membre de l'Institut. Né en 1809, m. en 1864.
 9 Fléchier, c. de Châteaudun, f. fg. Montm., 77. — Evêque de Nîmes, s'acquit une grande réputation par son oraison funèbre de Turenne. Né en 1632, m. en 1710.
17 Fleurs (des), c. av. Clichy, 154, f. Marcadet.
 6 Fleurus, c. Bonaparte, f. N.-D. des Champs. — Ville de Belgique; théâtre de trois victoires des Français, remportées en 1690, en 1794 et en 1815 sur les Prussiens, les Autrichiens et les Hollandais.
18 Fleury, c. blv. La Chapelle, f. Charbonnière, 17.
20 Fleury (pass.), c. St.-Fargeau, 26.
19 Florence, c. Lauzun, 8, f. de Puebla.
 8 Florence, c. d'Amsterdam, f. du Rocher.
18 Florence (pass.), c. av. St-Ouen, f. des Carrières.

Arr.

19 Florentine (cité), c. de la Villette, 86.
20 Florian, c. de Bagnolet, 102, f. Vitruve. — Auteur de poëmes en prose, de romans et de fables ; membre de l'Ac. fr. Né en 1755, m. en 1794.
16 Fodor (villa), c. Jean-Bologne, 4.
3 Four (du), c. de Béarn, 3, f. Turenne, 30.
11 Folle-Méricourt, c. blv. Voltaire, f. fg du Temple, 30.
11 Folle-Regnault, c. des Boulets, 110, f. Chemin-Vert, 132.
11 Folle-Regnault (pass.), c. F.-Regnault, f. blv. Ménilm., 45.
15 Fondari, c. Croix-Nivert, 42, f. Lourmel.
15 Fondari (imp.), c. pass. Corvisart.
11 Fonderie (pass.), c. d'Angoulême, 72, f. St-Maur, 83.
12 Fonds Verts, c. de Charenton, 261, f. de la Nativité.
10 Fontaine (pass.), c. la Chopinette, f. blv. la Villette, 39. — Un des principaux architectes de notre temps. Né en 1762, m. en 1853.
20 Fontaine (de la), c. de la Chine, f. Pelleport.
17 Fontaine (imp.), c. Font.-des-Ternes.
18 Fontaine-du-But, c. St-Vincent, f. Marcadet.
11 Fontaine-au-Roi, c. fg du Temple, f. St-Maur, 115.
9 Fontaine-St-Georges, c. Chaptal, f. pl. Blanche.
17 Fontaine-des-Ternes, c. de Louvain, 23, f. blv. Gouv.-St-Cyr.
3 Fontaines (des), c. du Temple, 181, f. de Turbigo, 58.
5 Fontanes, c. blv. St-Germain, 73, f. des Ecoles, 54. — Poëte et orateur distingué ; membre de l'Ac. fr. — Né en 1751, m. en 1821.
20 Fontarabie, c. de la Réunion, 98, f. des Maraîchers. — Ville forte d'Espagne. Grande victoire de l'armée républicaine, en 1794.
18 Fontenelle (de), c. Raincy, f. du Mont-Cenis. — Littér., poëte, philosophe, historien et géomètre ; membre de l'Institut. Né en 1657, m. en 1757.
7 Fontenoy (pl.), c. Ecole-Militaire, f. Av. de Saxe, 1. — Ville de Belgique, où l'armée fr. remporta, en 1745, sur les Anglais, une grande victoire.
16 Fontis, c. l'Assomption, f. Raffet.
18 Forest, c. blv. de Clichy, 126, f. Capron, 25. — Peintre paysagiste estimé. Né en 1636, m. 1707.
3 Forez (du), c. Charlot, 57, f. pl. Rotonde. — Anc. prov. fr. ; forme aujourd'hui le dép. de la Loire.
11 Forge-Royale (pass.), c. fg St-Ant., 165, f. St-Bernard, 27.
2 Forges (des), c. Damiette, 2, f. du Caire, 49.

Arr.

8   **Fortin**, c. de Ponthieu, 66, f. Écuries-d'Artois, 11.
13 **Fossé-aux-Chevaux**, c. Damesme, f. Moulin-de-la-Poin.
5   **Fossés-St-Bernard**, c. blv. St-Germain, f. de Jussieu.
5   **Fossés-St-Jacques**, c. St-Jacques, 161, f. pl. de l'Estrap.
5   **Fossés-St-Marcel**, c. Geoff.-St-Hil. f. blv. St-Marcel.
5   **Fouarre (du)**, c. de la Bucherie, f. Galande.
15 **Fougeat (pass.)**, c. blv. de Grenelle, f. Letellier, 20.
19 **Fouquet (pass.)** c. Pradier, 29, f. Vera-Cruz.
16 **Four (sentier du)**, c. de la Cure, f. chem. des Fontis.
6   **Four-St-Germain (du)**, c. Montfaucon, 2, f. du Dragon.
5   **Four-St-Jacques (du)**, c. Sept-Voies, 14, f. d'Écosse.
17 **Fourcroy**, c. Bayen, f. Laugier. — Célèbre chimiste, membre de la Conv., du conseil des Cinq-Cents et de l'Institut. Né en 1755, m. en 1809.
4   **Fourcy-St-Antoine**, c. de Jouy, 2, f. Franç.-Miron.
5   **Fourcy, (pl.)**, c. Thouin, 17, f. de V.-Estrapade. — Prévôt de 1684 à 1692.
15 **Fourneaux (blv.)**, c. de Vaugirard, 153, f. b. Vaugirard, 50.
15 **Fourneaux (des)**, c. blv. de Vaugir., 99, f. Morillons.
15 **Fourneaux (pass.)**, c. des Fourn., 15, f. la Procession, 77.
17 **Fourneyron**, c. des Moines, f. Brochant. — Ingénieur fr., inventeur des turbines qui portent son nom. Né en 1802. m. en 1867.
17 **Fournial**, c. blv. de Courcelles, 86, f. Chazelle.
2   **Française**, c. aux Ours, 44, f. Tiquetonne, 25.
16 **François-Gérard**, c. d'Auteuil, f. La Fontaine, 29. — Peintre d'histoire; une des gloires de l'école de David; ses compositions sont pleines de charmes et de poésie. Né en 1770, m. en 1830.
8   **François Ier**, c. Cours-la-Reine, f. de Chaillot.
8   **François Ier (pl.)**, c. Bayard, 14. — Roi de France de 1515 à 1547.
4   **François Miron**, c. pl. Lobau, f. de Fourcy, 11. — Prévôt des marchands en 1605.
13 **Fr.-Bourgeois**, c. Turenne, 27, f. du Chaume, 12.
16 **Franklin**, c. Vineuse, f. pl. R.-de-Rome. — Célèbre par ses écrits, par l'invention du paratonnerre et par son dévouement pour l'indép. de l'Amérique. Quand il mourut, la Constituante fr. porta son deuil. Né en 1700, m. en 1700.
15 **Frémicourt**, c. du Commerce, 35, f. pl. Cambronne.
20 **Fréquel (pass.)**, c. Vitruve, 7, f. Fontarabie.
16 **Freycinet (route)**, c. av. de l'Emp., f. av. d'Iéna. — Navi-

gateur; un des créateurs de la société de géog. Né en
1779, m. en 1842.

14 **Friant**, c. de Châtillon, 13, f. blv. Bruno. — Général distingué de la Rép. et de l'Empire. Né en 1758, m. en 1829.

8 **Friedland** (av.), c. pl. de l'Etoile, f. fg St-Honoré. — Ville
de Prusse, où Napoléon remporta, en 1807, sur les Prussiens et les Russes, une grande victoire suivie de la paix
de Tilsitt.

9 **Frochot**, c. de Laval, 30, f. pl. Pigalle, 1.

9 **Frochot** (av.), c. de Laval, 26. — Premier préfet du dép.
de la Seine. Né en 1760, m. en 1828.

3 **Froissart**, c. Turenne, 92, f. Commines. — Chroniqueur
et poëte fr. dont les ouvrages sont des monuments pré-
cieux du moyen âge. Né en 1337, m. en 1410.

11 **Froment**, c. du Chemin-Vert, f. Sedaine.

5 **Fromentel**, c. Chartière. f. cim. St-Benoît.

1 **Frondeurs**, c. St-Honoré, 250, f. d'Argenteuil.

13 **Fulton**, c. q. d'Austerlitz, 9, f. de la Gare. — Ingénieur
américain; créateur des bateaux à vapeur, dont il fit la
première expérience en 1802 à Paris. Né en 1767, m. en
1815.

6 **Furstenberg**, c. Jacob, f. de l'Abbaye. — Cardinal, abbé
de St-Germain-des-Prés. Né en 1620, m. en 1704.

G

8 **Gabriel** (av.), c. pl. Concorde, f. av. Matignon, 2. — Célèbre architecte; constructeur de l'École militaire. Né en
1710, m. en 1782.

18 **Gabrielle**, c. la Butte, f. Ravignan.

9 **Gaillard** (cité), c. Blanche, 60, f. Léonie, 9.

8 **Gaillard** (pass.), c. av. Montaigne, f. Marbeuf.

2 **Gaillon**, c. N.-P.-Champs, 51, f. N.-St-Augustin.

2 **Gaillon** (carr.), c. Gaillon, 20, f. Michodière.

14 **Gaieté** (de la), c. blv. Montrouge, 55, f. Ch.-du-Maine.

14 **Gaieté** (imp.), c. de la Gaîté, 7.

5 **Galande**, c. pl. Maubert, f. du Petit-Pont, 10. — Famille
qui occupait au XII° s. les premières charges du royaume.

2 **Galeries-de-Fer** (pass.), c. de Choiseul, 22, f. blv. des Italiens.

8 **Galilée**, c. av. Roi-de-Rome, f. av. Ch.-Elysées. — Grand
astronome; condamné par l'Inquisition pour avoir en-

seigné que la terre se mouvait et que le soleil était immobile. Né en 1504, m. en 1642.

20 Galleron, c. Florian, f. St-Blaise.
12 Gallois, c. q. de Bercy, 37, f. de Bercy, 63.
17 Galvani, c. Laugier, 61, f. Bayen. — Médecin et physicien ; auteur de la découverte des phénomènes électriques dits, de son nom, galvanisme. Né en 1737, m. en 1795.
11 Gambey, c. Oberkampf, 53, f. d'Angoulême, 36. — Opticien ; inventeur du cathétomètre. Né 1770, m. en 1847.
13 Gandon (pass.), c. Cailloux, f. blv. Masséna.
13 Gandon (imp.), c. route d'Italie, 137, f. pass. Gandon.
6 Garancière, c. St-Sulpice, 20, f. Vaugirard, 36.
18 Gardes (des), c. Goutte-d'Or, f. Myrrha.
13 Gare (de la), c. blv. de la Gare, 20, f. Sauvage.
13 Gare (blv. de la), c. q. de la Gare, f. route de Choisy.
13 Gare (q. de la), c. blv. de la Gare, f. blv. Masséna.
18 Gareau, c. Ravignan, f. Durantin.
20 Gasnier-Guy, c. des Partants, f. des Oiseaux.
15 Gasparin, c. du Commerce, f. Croix-Nivert. — Agronome distingué ; ancien ministre. Né en 1783, m. en 1862.
12 Gat-Bois (pass.), c. de Châlons, 4, f. av. Daumesnil.
11 Gaudelet (imp.), c. Oberkampf, 116.
17 Gauthey, c. av. Clichy, f. Marcadet. — Pédagogue distingué. Né en 1795, m. en 1864.
10 Gauthier (pass.), c. Reboval, 53, f. de Puebla.
8 Gautrin (pass.), c. François Ier, f. Marbœuf, 44.
5 Gay-Lussac, c. blv. St-Michel, 65, f. Feuillantines. — Célèbre physicien et chimiste fr. Né en 1777, m. en 1850.
13 Gaz (du), c. blv. de la Gare, 177, f. av. Fortin.
13 Gaz (imp. du), c. du Gaz, 4, Ivry.
14 Gazan, c. av. Reille, f. blv. Jourdan.
17 Geoffroy-Didelot (pass.), c. blv. Batign., 90, f. Dames.
13 Génie (du), c. av. d'Italie, f. Damesme.
12 Génie (pass. du), c. fg St-Antoine, 240, f. blv. Mazas, 91.
16 Génin, c. du Ranelagh, f. de l'Assomption. — Philologue distingué. Né en 1803, m. en 1856.
13 Gentilly, c. av. des Gobelins, f. blv. d'Italie.
12 Genty (pass.), c. q. de la Râpée, 68, f. de Bercy, 201.
4 Geoffroy-Langevin, c. du Temple, 59, f. Beaubourg.
4 Geoffroy-Lasnier, c. q. de l'H.-de-V., f. F.-Miron.
9 Geoffroy-Marie, c. fg Montm. f. Boule-Rouge.
5 Geoffroy-St-Hilaire, c. blv. St-Marcel, f. Lacépède. — Sa-

vant naturaliste, qui fit faire de grands progrès à la zoologie. Né en 1772, m. en 1814.

14 **Géorama** (du), c. ch. du Maine, 120, f. aux Lapins.

9 **Gérando**, c. Rochechouart. — Phil. éclectique, auteur d'une *Hist. comparée des systèmes de phil.* Né en 1772, m. en 1842.

13 **Gérard**, c. blv. d'Italie, f. Moulin-des-Prés. — Général distingué de l'Empire; ministre de la guerre et maréchal sous Louis-Philippe. Né en 1773, m. en 1852.

15 **Gerbert**, c. de Vaugirard, 280, f. Blomet.

11 **Gerbier**, c. Folie-Regnault, f. la Roquette, 168.

6 **Gerbillon**, c. des Missions, 20, f. Bérite, 5. — Un des fondateurs de la mission fr. en Chine. Né en 1654, m. en 1707.

16 **Géricault**, c. d'Auteuil, f. Poussin. — Un des plus grands peintres de l'école fr. Auteur du *Naufrage de la Méduse.* Né en 1791, m. en 1824.

18 **Germain-Pillon**, c. blv. Clichy, 36, f. Abbesses. — Sculpteur fr. Né en 1515, m. en 1590.

5 **Gerson**, c. pl. Gerson, f. Victor-Cousin. — Chancelier de l'Université; un des hommes les plus savants de son siècle. Né en 1363, m. en 1429.

5 **Gerson** (pl.), c. St-Jacques, 132, f. Gerson, 2.

4 **Gesvres** (q.), c. pl. de l'H.-de-Ville, f. pl. du Châtelet.

6 **Gindre** (du), c. Vieux-Colombier, 5, f. Mézières.

15 **Ginoux**, c. St-Charles, f. Lourmel.

18 **Girardon**, c. Lepic, f. Abreuvoir. — Célèbre sculpteur; auteur de plusieurs statues et du mausolée du cardinal de Richelieu à l'église de la Sorbonne. Né en 1630, m. en 1715.

18 **Girardon** (imp.), c. Girardon.

16 **Girodet**, c. d'Auteuil, f. Poussin. — Peintre célèbre. Son chef-d'œuvre est : *Une scène du déluge.* Né en 1767, m. en 1824.

10 **Gironde** (q. de la), c. q. de l'Oise, f. bv. Macdonald.

6 **Gît-le-Cœur**, c. q. Gr.-Augustins, f. St-And.-des-Arts.

13 **Glacière** (de la), c. de Port-Royal, f. blv. d'Italie, 100.

2 **Glacière** (imp. de la), c. blv. des Italiens, 17.

13 **Glacière** (de la), c. blv. d'Italie, 121, f. blv. Kellermann.

9 **Gluck**, c. Halévy, f. blv. Haussmann. — Célèbre compos. allemand; donna à l'Opéra fr. plusieurs chefs-d'œuvre, dont l'un, *Iphigénie en Tauride*, suscita entre lui et Piccini une grande dispute musicale. Né en 1714, m. en 1787.

Arr.

13 Gobelins (des), c. av. Gobelins, f. riv. de Bièvre.
5 Gobelins (av. des), r. Monge, f. pl. d'Italie.
13 Gobelins (cité des), c. Monge, f. pl. d'Italie.
13 Gobelins (ruelle), c. Croulebarbe, f. Gobelins, 21.
11 Gobert, c. Lenoir, f. blv. Voltaire. — Fondateur de deux prix de 10,000 fr. chacun, pour être décernés aux auteurs des meilleurs ouvrages sur l'histoire de France. Né en 1807, m. en 1833.
12 Godefroy, c. blv. de la Gare, 166, f. pl. d'Italie, 17.
9 Godot-de-Mauroy, c. Basse-du-Rempart, f. N.-des-Math.
8 Godot-de-Mauroy (cité), c. av. Montaigne, 20.
10 Goix (pass.), c. d'Aubervilliers, f. du Départem.
1 Gomboust, c. St-Roch, 45, f. Mar.-St-Honoré.
1 Gomboust (imp.), c. pl. du M.-St-Honoré.
12 Gondi (ruelle de), c. de Charenton, 325.
11 Gonnet (imp.), c. de Montreuil, 66.
14 Gourdon (pass.), c. blv. St-Jacques, 67, f. Tombe-Issoire, 18.
17 Gourgaud (av.), c. pl. Courcelles, f. blv. Berthier. — Général d'artillerie; prit une part glorieuse à toutes les campagnes de l'Europe et accompagna Napoléon à Ste-Hélène. Né en 1783, m. en 1852.
18 Goutte-d'Or (de la), c. la Charbonn., f. blv. Ornano.
20 Goutte-d'Or (imp. de la), c. V.-R.-de-Montreuil.
20 Goutte-d'Or (ruelle), c. Maraîchers, f. blv. Davoust.
20 Goutte-d'Or (sentier), c. Maraîchers, f. V.-R.-Montreuil.
17 Gouvion-St-Cyr (b.), c. porte de la Rév., f. p. de Neuilly. — Général en chef sous la Rép.; fit partie de l'expéd. de Russie, gagna la bataille de Polotsk et devint ministre de la guerre. Né en 1764, m. en 1830.
6 Gozlin, c. pl. Gozlin, f. de Rennes, 41. — Évêque de Paris; fut mortellement blessé pendant le siège de Paris par les Normands, en 885.
6 Gozlin (pl.), c. de Buci, 42, f. Gozlin.
10 Grâce-de-Dieu (cour), c. fg du Temple, 120.
5 Gracieuse, c. Daubenton, f. Lacépède, 20.
11 Graindorge (ruelle), c. des Boulets, 66.
2 Grammont, c. N.-St-Augustin, 91, f. blv. des Italiens. — Une des premières maisons de Navarre.
2 Grand-Cerf (pass.), c. St-Denis, 237, f. Deux-Portes.
3 Grand-Chantier, c. V.-Haudriet, f. d'Anjou.
11 Grand-Prieuré, c. de Crussol, 20, f. Rampon.
16 Grande-Armée (av.), c. pl. de l'Étoile, f. p. Neuilly.
6 Grande-Chaumière, c. N.-D.-des-Champs, f. blv. Montp.

15 Hameau, c. Desnouettes, 17, f. blv. Victor.
16 Hamelin, c. Lubeck, f. av. du Roi-de-Rome. — Amiral fr.
ministre de la marine. Né en 1796, m. en 1864.
 2 Hanovre, c. Choiseul, 17, f. 4 Septembre. — Royaume
annexé à la Prusse.
 1 Harlay-du-Palais, c. q. de l'Horloge, 17, f. q. des Orfèvres, 42. — Du nom de Harlay, prem. présid. du Parlement de Paris; se signala par ses lumières, son inté-
grité et sa résistance aux ligueurs. Né en 1536, m. en
1616.
 3 Harlay-au-Marais, c. blv. Beaumarchais, 89, f. S.-Claude, 3.
 6 Harpe (de la), c. Huchette, 30, f. blv. St-Germain, 24. —
Littérateur et critique distingué; membre de l'Ac. fr. Né
en 1739, m. en 1803.
13 Harvey, c. Nationale, 6, f. Chât-des-Rentiers. — Savant
médecin anglais; découvrit la circulation du sang. Né
en 1578, m. en 1658.
 1 Hasard, c. Molière, 43, f. Ste-Anne, 28.
19 Hassard, c. Plateau, f. Vera-Cruz.
20 Haudriettes (sentier des), c. Puébla, f. Sent. Rondonneaux.
 8 Haussmann (boul.), c. Taitbout, f. fg St-Honoré, 190. —
Né en 1808. Sénateur, préfet de la Seine de 1853 à 1870;
membre de l'Institut.
 6 Hautefeuille, c. pl. St-André-des-Arts, f. Ecole-de-Médecine, 19. — Physicien et mécanicien. Né en 1647, m.
en 1724.
13 Hautes-Formes (Imp. des), c. Baudricourt.
20 Haute-Gatines, c. des Champs, f. Polleport.
20 Hautes-Vignolles, c. blv. Charonne, 110, f. pl. de la Réunion.
10 Hauteville, c. blv. Bonne-Nouvelle, f. pl. Lafayette, 110.
— Nom porté par M. de Lamichodière.
 9 Haut-Pavé, c. q. Montebello, 9, f. de la Bucherie, 2.
19 Hautpoul, c. Crimée, 56, f. d'Allemagne, 142. — Général;
fit la dernière campagne de l'empire; ministre de la
guerre en 1849, gouverneur de l'Algérie en 1850, et
grand référendaire du Sénat en 1852. Né en 1789, m.
en 1865.
20 Hauts-Montiboeufs (s. des), c. de Belleville.
 8 Havre, c. blv. Haussmann, 70, f. St-Lazare, 121. — Ch.-l.
du dép. de la Seine-Inf.
 9 Hâvre (pass. du.), c. de Caumartin, 69, f. St-Lazarre, 128.
 8 Hâvre (pl. du.), c. du Hâvre, 16, f. St-Lazare, 128.

Arr.

    digne chef que la magistrature fr. ait jamais eue. Né en 1505, m. en 1573.

12 Hôpital-St-Ant. (pl. de l'), c. fg St-Antoine, 182.
10 Hôpital-St-Louis, c. Gr.-aux-Belles, f. q. Jemmapes.
13 Hôpital (pl. de l'), c. la Salpêtrière, f. blv. de l'Hospital.
8 Horloge (cour de l'), c. du Rocher, 40.
9 Horloge (gal. de l'), c. blv. des Italiens, 10, f. pass. Opéra.
9 Horloge (q. de l'), c. Pont-au-Change, f. pl. Pont-Neuf.
4 Hospit.-St-Gervais, c. des Rosiers, 52, f. Fr.-Bourgeois.
5 Hôtel-Colbert, c. q. Montebello, f. Galande.
1 Hôtel-des-Fermes (pass.), c. J.-J.-Rousseau, f. Bouloi.
4 Hôtel-de-Ville (de l'), c. Fauconnier, f. J.-de-Brosse.
4 Hôtel-de-Ville (pl.), c. H.-de-Ville, f. av. Victoria.
4 Hôtel-de-Ville (q.), c. Nonnains-d'Huyères, f. place.
20 Houdard, c. Amandiers, f. Tlemcen. — Littér. qui eut l'idée bizarre de corriger l'*Iliade* d'Homère. Né en 1672, m. en 1731.
18 Houdon, c. blv. de Clichy, 10, f. des Abbesses. — Grand statuaire. Auteur de la *Diane nue* (au Louvre) et des belles statues de Voltaire et Molière au Théâtre-Français. Né en 1741, m. en 1828.
5 Huchette (de la), c. Petit-Pont, f. pl. St-Michel.
1 Hulot (pass.), c. de Montpensier, f. Richelieu, 31.
14 Humboldt (de), c. de la Santé, 66, f. fg St-Jacques, 77. — Célèbre naturaliste; auteur du *Cosmos*, où il a exposé ses découvertes en histoire naturelle. Né en 1769, m. en 1858.

I

7 Iéna (d'), c. q. d'Orsay, 38, f. de Grenelle, 142. — Ville du grand-duché de Saxe-Weimar; célèbre par la grande victoire que Napoléon remporta sur les Prussiens en 1806.
16 Iéna (av.), c. pl. du R.-de-Rome, f. pl. de l'Étoile.
7 Iéna (pont d'), c. q. de Billy, f. q. d'Orsay.
16 Impératrice (de l'), c. Labat, f. Lécuyer.
14 Impériale (cité), c. Tombe-Issoire, 88.
13 Industrie (de l'), c. Bourgon, f. du Génie, 14.
11 Industrie (cité de l'), c. Oberkampf, 98.
12 Industrie (cours de l'), c. de Charenton, 99.
10 Industrie (pass. de l'), c. fg St-Martin, 41, f. fg St-Denis.
20 Industrie (imp. de l'), c. Basses-Vignolles, f. pass. Papier.
15 Industrie (pass. de l'), c. Lourmel, f. Lecourbe.

11 Industrielle (cité), c. de la Roquette, 115.
16 Ingres (av.), c. av. Prudhon, f. blv. Suchet. — Peintre fr.;
    chef de l'école idéaliste, membre de l'Institut. Né en 1781,
    m. en 1867.
1 Innocents (des), c. St-Denis, 89, f. de la Lingerie, 2.
7 Invalides (blv. des), c. Grenelle, 127, f. de Sèvres, 88, ».
5 Invalides (esplanade des), c. la Seine.
7 Invalides (pont des), c. q. de la Confér., f. q. d'Orsay.
7 Irlandais (des), c. Vlle-Estrapade, 15, f. Lhomond.
16 Isabey, c. d'Auteuil, f. Poussin. — Peintre miniaturiste.
    Né en 1764, m. en 1855.
8 Isly (de l'), c. de l'Arcade, f. du Havre. — Rivière du Maroc;
    célèbre par la victoire du maréchal Bugeaud, en 1844.
19 Isly (imp. d'), c. pl. du Maroc, 4.
18 Isly (imp. d'), c. Jessaint, 16.
20 Isly (imp. d'), c. pass. d'Isly, 9.
20 Isly (pass. d'), c. de la Mare, 38, f. pass. Ronce.
15 Isly (pass. d'), c. de Vaugirard, 361, f. Olivier-de-Serres.
11 Isly (pass. d'), c. fg du Temple, 104, f. de l'Orillon.
14 Issoire (imp.), c. Tombe-Issoire, 93.
13 Italie (blv. d'), c. place d'Italie, f. de la Santé.
13 Italie (pl. d'), c. blv. d'Italie, 2, f. blv. de l'Hôpital. —
    Contrée de l'Europe méridion.; resta annexée à la France
    de 1806 à 1814.
13 Italie (av. d'), c. blv. d'Italie, f. blv. Kellermann.
2 Italiens (blv. des), c. Richelieu, 103, f. Chaussée-d'Antin, 2.
13 Ivry (route d'), c. route de Choisy, 35, f. blv. Masséna.

J

4 Jabach (pass.), c. Nve St-Merry, 44, f. St-Martin, 110.
5 Jacinthe, c. des Trois-Portes, 9, f. Galande, 20.
6 Jacob, c. de Seine, 50, f. des St-Pères, 29.
17 Jacob (pass.), c. des Epinettes, f. blv. Bessières.
19 Jacob (pass.), c. pass. du Bois, f. du Rhin.
11 Jacquart, c. Ternaux, 15, f. Oberkampf, 54. — Célèbre
    mécanicien, inventeur du métier à tisser qui porte son
    nom. Né en 1752, m. en 1834.
17 Jacquemont, c. Lemercier, f. av. de Clichy, 31.
4 Jacques-du-Brosse, c. q. de l'H-de-Ville, f. Fr. Miron. —
    Architecte au XVIᵉ siècle; constr. du Luxembourg, de
    l'aqueduc d'Arcueil, etc.; m. vers 1630.
4 Jacques-Cœur, c. pl. de l'Arsenal, f. St-Antoine. —

Arr.

Trésor. de Charles VII; le plus riche commerçant de son époque. Né en 1400, m. en 1461.

19 Jaudelle (cité), c. Reboval, 45.

20 Japon (du), c. Sorbier, f. de la Dhuis. — Empire de l'Asie orient.

11 Japy, c. Gobert, f. Neufchateau. — Maire du VIᵉ arr. de Paris en 1851; membre d'une grande famille d'industriels fr.

6 Jardinet, c. Mignon, 9, f. cour de Rohan.

15 Jardinets (imp. des), c. Nve de Vanves, f. des Fourneaux.

12 Jardiniers (des), c. Charenton, 313, f. Ch.-des-Meuniers.

11 Jardiniers (ruelle des), c. Amelot, 62.

14 Jardins (pass. des), c. Dareau, 31, f. Tombe-Issoire, 43.

17 Jardins, c. Poncelet, f. Fourcroy.

4 Jardins-St-Paul, c. q. des Célestins, 28, f. Charlemagne.

4 Jarente, c. Turenne, 13, f. Sévigné, 12.

15 Javel, c. q. de Javel, 21, f. Blomet.

15 Javel (q. de), c. pont de Grenelle, f. blv. Victor.

17 Javotte (imp.), c. Rennequin.

6 Jean-Bart, c. de Vaugirard, 29, f. de Fleurus, 12. — Intrépide marin; fut la terreur des Anglais et des Hollandais. Né en 1630, m. en 1702.

4 Jean-Beaussire, c. St-Antoine, 215, f. blv. Beaumarch.

4 Jean-Beaussire (imp.), c. Jean-Beaussire, 19.

5 Jean-de-Beauvais, c. blv. St-Germain, f. St-Hilaire, 18. — Libraire célèbre au XIVᵉ siècle.

16 Jean-Bologne, c. de l'Annonciation, f. de Passy. — Sculpteur. On lui doit le cheval de bronze qui supporte la statue de Henri IV, sur le Pont-Neuf. Né en 1524, m. en 1608.

18 Jean-Cottin, c. des Roses, f. Boucry.

18 Jean-Cottin (imp.), c. Boucry.

8 Jean-Goujon, c. av. d'Antin, 21, f. pl. de l'Alma. — Architecte et statuaire célèbre. Né en 1520, m. en 1572.

1 Jean-Jacques-Rousseau, c. St-Honoré, 161, f. Montm. — L'écrivain le plus éloquent du XVIIIᵉ siècle. Il défendit les grandes vérités, et la Révolution trouva dans son génie un puissant levier. Né en 1712, m. en 1778.

1 Jean-Lantier, c. St-Denis, 5, f. Bertin-Poirée.

7 Jean-Nicot, c. d'Orsay, f. St-Dominique, 150. — Ambassadeur en Portugal, introduisit en France, vers 1560, le tabac, plante qu'on appela, de son nom, nicotiane. Né en 1530, m. en 1600.

18 Jean-Robert, c. Doudeauville, f. Marcadet.
1 Jean-Tison, c. de Rivoli, 124, f. Bailleul, 11. — Nom d'une
famille qui fut déjà célèbre au XIIᵉ siècle.
15 Jeanne, c. de la Procession, 88, f. de Vouillé.
13 Jeanne-d'Arc, c. pl. J.-d'Arc, f. b. de la Gare. — Paysanne
de Domrémy, qui replaça Charles VII sur son trône, et le
fit sacrer à Reims. Elle fut vendue aux Anglais, qui la
brûlèrent vive à Rouen. Née en 1410, m. en 1431.
13 Jeanne-d'Arc (pl.), c. Lahire, f. Jeanne-d'Arc.
10 Jemmapes (q. de), c. Rampon, f. blv. de la Villette, 131. —
Ville de Belgique, célèbre par la victoire de Dumouriez
sur les Autrichiens en 1792.
13 Jenner, c. blv. de l'Hôpital, f. blv. de la Gare. — Médecin
anglais, auteur de la découverte de la vaccine. Né en 1749,
m. en 1823.
1 Jérusalem (imp. de), c. q. des Orfèvres. — Anc. cap. de la
Judée, auj. prov. turque; prise par les croisés en 1099.
Ils y fondèrent un roy. dont le premier roi fut Godefroy
de Bouillon.
18 Jessaint, c. de la Chapelle, f. Polonceau. — Baron et préfet
de l'Empire-
18 Jessaint (pl.), c. blv. la Chapelle, f. Jessaint.
11 Jeu-de-Poule (pass.), c. Amelot, f. de Malte.
2 Jeûneurs, c. Montmartre, 158, f. Poissonnière.
10 Joinville, c. de Flandres, 102, f. quai de l'Oise. — Prince
d'Orléans; fils du roi Louis-Philippe. Né en 1818.
10 Joinville (pass.), c. F.-du-Temple, f. Corbeau.
10 Joinville (pass.), c. de Flandres, 100.
10 Joinville (péristyle), c. gal. Montpensier, f. de Beaujolais.
14 Jollivet, c. Nve-du-Maine, 2, f. blv. Montrouge.
11 Joly (cité), c. Chemin-Vert, 113.
10 Jomard, c. de Crimée, 160, f. de Joinville. — Géographe
et archéologue; prit part à l'expédition d'Egypte, et rédigea
la *Description de l'Egypte*. Né en 1777, m. en 1862.
23 Jonas, c. blv. d'Italie, f. Butte-aux-Cailles.
2 Joquelet, c. Montmartre, 113, f. N.-D.-des-Vict.
18 Joseph-Dijon, c. Mont-Cenis, f. de Clignancourt.
8 Joséphine (av.), c. pl. de l'Etoile. — Vve de Beauharnais;
épousa Bonaparte en 1796. Elle fut séparée de lui par
un divorce en 1809. Née en 1763, m. en 1814.
17 Josserand (pass.), c. av. de Clichy, f. des Dames.
11 Josset (pass.), c. pass. Bras-d'Or, f. Charonne, 40.
9 Joubert, c. Ch.-d'Antin, 41, f. de Caumartin, 58. — Gé-

Arr.

néral fr.; se distingua en Italie et fut tué à la bataille de
Novi. Né en 1769, m. en 1799.
17 Jouffroy, c. de Courcelles, f. blv. Pereire.
9 Jouffroy (pass.), c. blv. Montm. f. Gr.-Batelière, 9. —
Fut un des premiers qui appliquèrent la vapeur à la navigation. Né en 1752, m. en 1832.
1 Jour (du), c. Coquillière, f. Montmartre.
20 Jourdain (du), c. de Puebla, f. de Belleville.
14 Jourdan (blv.), c. porte Gentilly, f. p. d'Orléans. — Général
en chef de la Républ. gagna la bataille de Fleurus. Né
en 1762, m. en 1833.
14 Jouvence (imp.), c. d'Alésia.
16 Jouvenet, c. Boileau, 25, f. route Versailles. — Peintre
d'histoire; ses plus belles compositions sont : Esther devant
Assuérus et la Pêche miraculeuse. Né en 1647, m. en 1717.
4 Jouy (de), c. Nonnains-d'Huyères, f. François-Miron.
20 Jouy-Rouve, c. de Belleville, f. Julien-Lacroix.
15 Juge, c. Violet, f. Viola.
4 Juges-Consuls (des), c. Verrerie, f. Cl.-St-Merri.
4 Juifs (des), c. de Rivoli, 20, f. des Rosiers, 7.
16 Juigné, c. av. d'Iéna, f. av. du Roi-de-Rome. — Archevêque
de Paris. Né en 1728, m. en 1811.
20 Juillet, c. Ménilmont., f. la Butte.
12 Jules-César, c. de Lyon, 43, f. blv. Contrescarpe. — Général, orateur et écrivain de premier ordre; remporta
56 victoires et fut assassiné en plein sénat en l'an 44,
av. J.-C., à l'âge de 56 ans.
20 Julien-Lacroix, c. Belleville, f. Ménilm. — Littérat. et
romancier fr. Né en 1809.
13 Julienne, c. Pascal, 62, f. de Lourcine, 105.
20 Jumeaux (cours des), c. de Bagnolet, 109.
1 Jussienne (de la), c. Pagevin, 16, f. Montm., 43.
5 Jussieu (de), c. Cuvier, 10, f. des Ecoles. — Nom d'une
famille célèbre dans les sciences naturelles. Bernard de
J. a apporté à Paris, en 1730, le cèdre du Liban, qui
se trouve aujourd'hui au jardin des Plantes.
5 Jussieu (pl.), c. de Jussieu, 19, f. Linné, 24.
20 Justice (de la), Ch. Neuf-Ménilm., f. blv. Mortier.

K

19 Kabylie, c. blv. de la Villette, 210, f. Tanger, 12.

Arr.

Pays montagneux de l'Algérie ; en mémoire de la brillante expéd. de 1851.

11 Keller, c. Charonne, 41, f. la Roquette, 70. — Statuaire célèbre. Né en 1638, m. en 1702.

11 Keller (pass.), c. Keller, 14, f. pass. Vaucanson.

18 Kellermann (blv.), o.p. d'Italie, f. p. de Gentilly.—Maréchal de l'empire et duc de Valmy. Né en 1735, m. en 1820.

16 Képler, c. Bassano, f. Galilée. — Grand astronome ; découvrit les trois lois qui portent son nom. Né en 1571, m. en 1631.

15 Kléber, c. q. d'Orsay, 133, f. av. Suffren. — Célèbre général républ.; gagna la bataille d'Héliopolis en Egypte. Né en 1753, assassiné au Caire en 1800.

18 Kracher (pass.), c. N.-Charbonnière, 7.

19 Kurzuer (pass.), c. de Belleville, f. Robeval.

L

18 Labat, c. des Poissonniers, f. Bachelet. — Dominicain et voyageur fr. Né en 1663, m. en 1731.

17 Labie, c. av. des Ternes, 83, f. Brunel.

7 Labourdonnaie (av. de), c. q. d'Orsay, f. av. Lam.-Piquet. — Gouverneur général des îles de France et de Bourbon, auteur des *Mémoires*. Né en 1699, m. en 1755.

15 Labrador (imp. du), c. de Palestro.

9 La Bruyère, c. N.-D.-de-Lorette, 31, f. Blanche. — Un des meilleurs écrivains de son siècle ; auteur du livre des *Caractères*. Né en 1644, m. en 1696.

5 Lacépède, c. Geof.-St-Hilaire, f. Mouffet, 10. — Célèbre naturaliste ; composa, outre ses livres d'histoire naturelle, des écrits sur la musique, des romans et une histoire de l'Europe. Né en 1756, m. en 1825.

18 La Chapelle (de), c. pl. La Chap., 20, f. blv. Ney.

10 La Chapelle (blv. de), c. Château-Landon, f. blv. Magenta.

18 La Chapelle (cité), c. de la Chapelle, 37.

13 La Chapelle (pl.), c. blv. de la Chap., f. de la Chapelle.

17 La Condamine, c. av. de Clichy, f. Dulong. — Se rendit célèbre comme voyageur et comme propagateur de l'inoculation. Né en 1701, m. en 1774.

15 Lacretelle, c. Vaugirard, 393, f. Olivier-de-Serres. — Jurisconsulte, publiciste et littér. Né en 1751, m. en 1824.

17 Lacroix, c. av. de Clichy, 112, f. Davy.

6

Arr.

18 Lacroix (cité), c. av. St-Ouen, f. des Carrières.
12 Lacuée (av.), c. pl. Mazas, f. av. Daumesnil. — Colonel tué au combat de Guntzbourg dans la campagne d'Austerlitz, en 1805.
 9 Lafayette, c. chaus.-d'Antin, f. blv. La Villette, 133. — Général ; combattit glorieusement pour l'indép. de l'Amérique et devint en France le héros populaire de deux révolutions, celles de 1789 et 1830. Né en 1757, m. en 1834.
10 Lafayette (pl. de), c. d'Hauteville, 98, f. Lafayette, 108.
 9 Laferrière (pass.), c. N.-D.-de-Lorette, f. Bréda. — Général ; mort du choléra en 1832.
 1 Lafeuillade, c. pl. des Victoires, f. de la Vrillière. — Maréchal de France sous Louis XIV.
 9 Laffitte, c. b. des Italiens, 20, f. de Châteaudun. — Célèbre banquier, ministre des finances sous Louis-Philippe. Né en 1767, mort en 1844.
16 La Fontaine, c. de Boulainvilliers, f. Donizetti. — Poëte original, naïf et sublime, le premier des fabulistes et des conteurs. Né en 1621, m. en 1695.
17 La Fontaine (cité), c. Lemercier, 28.
18 Laghouat, c. Stéphenson, f. Léon, 18. — Ville d'Algérie, prise le 4 décembre 1852, par le gén. Pélissier.
18 Lagille, c. av. St-Ouen, 88, f. Andrieux.
17 Lagille, c. av. St-Ouen, 73, f. les champs.
20 Lagny, c. blv. de Charonne, 10, f. blv. Davoust.
13 Lahire, c. pl. Jeanne-d'Arc, f. Clisson. — Général ; combattit contre les Anglais avec Jeanne d'Arc, tenta de délivrer cette héroïne, tomba entre leurs mains, s'en échappa et mourut de ses blessures en 1442.
14 Lalande, c. Champ-d'Asile, f. Liancourt. — Astronome fr. ; grand propagateur de la science. Né en 1732, m. en 1807.
 9 Lallier, c. av. Trudaine, 22, f. blv. Rochechouart. — Prévôt des marchands.
17 Lamandé, c. Bridaine, f. Legendre. — Ingénieur, constructeur du pont d'Austerlitz en 1802.
 9 Lamartine, c. Cadet, 35, f. fg Montm. 78. — Illustre poëte et homme politique ; sa réputation d'orateur est égale à sa réputation de poëte. Né en 1793, m. en 1869.
18 Lambert, c. Nicolet, 8, f. Lobat.
12 Lamblardie, c. pl. Daumesnil, f. Picpus.
 7 Lamotte-Piquet (av.), c. av. Lat.-Maubourg, f. blv. Gre-

nelle. — Amiral fr.; fit éprouver dans la campagne d'A-
mérique de cruelles pertes aux Anglais. Né en 1720, m.
en 1791.

17 Lamoureux (cité), c. Poncelet, f. Laugier.
12 Lancette (de la), c. Charenton, 237, f. les champs.
16 Lancret, c. Jouvenet, f. r. de Versailles, 26.
10 Lancry, c. de Boudy, 52, f. q. de Valmy, 181.
 7 Landrieux (pass.), c. l'Université, 169, f. St-Dominique, 176.
18 Langlois (imp.), c. de l Evangile, 25.
16 Lannes (blv.), c. p. de Neuilly, f. p. de la Muette. — Duc
de Montebello et maréchal de l'empire. Né en 1769, m.
à Essling en 1809.
16 La Pérouse, c. Galilée, f. de Presbourg. — Navigateur fr.
partit en 1785 pour un voyage de découverte, et 40 ans
après on trouva les débris de ses vaisseaux échoués sur
les récifs de Vanikoro, île de l'Océanie, dont les naturels
l'avaient massacré avec son équipage. Né en 1741, m. en
1788.
 5 Laplace, c. M.-Ste-Genev, f. des Sept-Voies, 11. — Géomètre et astronome, eut la gloire de compléter l'œuvre
de Newton. Né en 1749, m. en 1827.
11 Lappe, c. de la Roquette, 32, f. de Charonne, 13.
15 La Quintinie, c. pass. Bargue, f. d'Alleray. — Agronome ;
dessinateur des jardins de Versailles. Né en 1626, m. en
1688.
 1 Lard (au), c. de la Lingerie, 11, f. des Bourdonn., 42.
 1 La Reynie, c. St-Martin, 91, f. St-Denis, 82. — Premier
lieutenant général de police à Paris. Né en 1625, m. en
1709.
16 Largillière, c. Mozart, f. blv. Beauséjour. — Peintre qui
excellait dans le portrait. Né en 1656, m. en 1746.
12 Laroche, c. av. du Petit-Bercy, f. Léopold. — Littér., éditeur des œuvres d'Helvétius. Né en 1740, m. en 1800.
 9 Larochefoucauld, c. St-Lazare, 52, f. Pigalle, 52. — Abbesse de Montmartre de 1737 à 1760.
 5 Laromiguière, c. V.-Estrapade, f. Amyot. — Philosophe et
écrivain d'un grand mérite. Né en 1756, m. en 1837.
 6 Larrey, c. du Jardinet, f. Ec.-de-Médec., 24. — Célèbre
chirurgien en chef des armées fr. Né en 1766, m. en 1848.
 6 Larrey (imp.), c. Larrey, 1.
 8 Larribe, c. du Rocher, 84, f. Constantinople.
 7 Las-Cases, c. Belle-Chasse, 42, f. Bourgogne. — Partagea
la captivité de Napoléon et publia le *Mémorial*, résultat

Arr,

de ses conversations avec l'empereur. Né en 1766, m. en 1812.

19 Lassus, c. de Belleville, f. Louvain. — Prof. à l'Ecole de Méd. de Paris, auteur de plusieurs ouvrages. Né en 1741, m. en 1807,

18 Lathuile (pass.), c. av. de Clichy, 12, f. pass. St-Pierre.

9 Latour-d'Auvergne, c. de Maubeuge, 35, f. des Martyrs. — Abbesse de Montmartre de 1727 à 1735.

7 Latour-Maubourg (av. de), c. q. d'Orsay, f. av. Tourv. — Général, ministre de la guerre et gouverneur des Invalides sous la Restaur. Né en 1756, m. en 1831,

5 Latran, c. Jean-de-Beauvais, f. Thénard,

17 Laugier, c. Poncelet, f. blv. Gouv.-St-Cyr. — Chimiste; professeur au Muséum d'histoire naturelle. Né en 1770, m. en 1832.

16 Laumière (av.), c. Mexico, f. d'Allemagne, 94.

16 Lauriston, c. de Longchamp, 28, f. Presbourg. — Général et ambassadeur. Né en 1768, m. en 1828.

19 Lauzun, c. Rébeval, 20, f. de Puébla. — Célèbre par la passion qu'il inspira à la duchesse de Montpensier. Né en 1632, m. en 1723.

11 La Vacquerie, c. la Folie-Regnault, f. la Roquette, 168. — Magistrat, premier président du parlement de Paris en 1481.

9 Laval, c. des Martyrs, 55, f. Pigalle, 58.

1 Lavandières-Ste, Opportune, c. q. de la Mégiss., f. des Halles.

5 Lavandières-St-Jacques, c. Galande, 1;

18 La Vieuville, c. des Abbesses, f. des Trois-Frères. — Sur intendant des finances en 1623. Né en 1582, m. en 1653.

19 La Villette, c. de Belleville, f. de Véra-Cruz.

10 La Villette (blv.), c. fg du Temple, 137, f. Ch.-Landon, 56. (Au nº 60, M. Bornibus, f. de moutarde. V. Annonces.)

19 La Villette (pass.), c. de Flandres, 48.

8 Lavoisier, c. d'Anj.-St-Honoré, 37, f. d'Astorg, 20. — Savant dont les découvertes en chimie opérèrent une révolution dans la science. Né en 1743, m. sur l'échafaud en 1794.

1 La Vrillière (de), c. Cr. des-P.-Champs, 13, f. de la Feuillade. — Ministre de la maison de Louis XIV. Né en 1672, [m. en 1725. Son hôtel est auj. la Banque de France.

15 Leblanc, c. q. de Javel, 95, f. Lecourbe, 372.

17 Lebon, c. Demours, f. blv. Pereire.

14 Lebonis, c. de l'Ouest, 19, f. de Vanves, 8.
17 Lebouteux, c. Saussure, 13, f. de Lévis, 32.
13 Le Brun, c. blv. St-Marcel, f. av. des Gobelins. — Duc de Plaisance, troisième consul de la République, grand-maître de l'Université ; traducteur de l'*Iliade*, de l'*Odyssée* et de la *Jérusalem délivrée*. Né en 1739, m. en 1824.
17 Le Chapelais, c. av. de Clichy, 35, f. Lemercier, 6.
14 Leclerc, c. fg St-Jacques, 72, f. blv. St-Jacques, 50. — Erudit fr., doyen de la faculté des lettres de Paris. Né en 1789, m. en 1865.
17 Lécluse, c. blv. des Batignol., 14, f. des Dames. — Savant botaniste, prof. à l'Acad. de Leyde. Né en 1526, m. en 1609.
17 Leconte, c. Legendre, f. Clairaut.
15 Lecourbe, c. blv. de Grenelle, f. blv. Victor. — Général, très-habile tacticien ; livra plusieurs combats à l'archiduc Ferdinand. Né en 1759, m. en 1815.
18 Lécuyer, c. Ramey, f. la Butte.
18 Lécuyer (pass.), c. du Poteau, 65, f. blv. Ney.
20 Léo (pass.), c. cour de Vincennes, f. de Lagny.
15 Lefèvre (blv.), c. Ch. de f. Ouest, f. porte de Versailles. — Maréchal de l'Empire ; duc de Dantzick, pair de France sous la Restaur. Né en 1753, m. en 1820.
17 Legendre, c. av. Clichy, 97, f. de Lévis. — Géomètre ; membre de l'Institut. Né en 1751, m. en 1834.
19 Legrand, c. b. Villette, 60, f. de Puébla.
12 Legraverand, c. blv. Mazas, f. av. Daumesnil. — Savant jurisconsulte. Né en 1776, m. en 1827.
16 Lekain, c. de l'Annonciation, f. Singer. — Le plus grand tragédien du xviiie s. Né en 1728, m. en 1778.
14 Lemaignan, c. de la Glacière, 74, f. av. Reille.
15 Lemaire (pass.), c. Lourmel, f. Violet.
18 Lemaraiquier (imp.), c. du Ruisseau, f. du Poteau.
16 Lemarrois, c. de Versailles, f. blv. Murat. — Général fr., aide de camp de Bonaparte; fut successivement gouverneur de Stettin, de Varsovie, de Rome, et défendit glorieusement Magdebourg en 1813. Né en 1776, m. en 1836.
17 Lemercier, c. des Dames, 14, f. Cardinet. — Célèbre littér. et auteur dramatique. Né en 1774, m. en 1840.
19 Lemière (cité), c. de Belleville, f. des Bois.
14 Lemoine (pass.), c. la Procession, 120, f. de Constantine.
2 Lemoine (pass.), c. b. Sébastopol, 135, f. St-Denis, 380.
20 Lemon, c. b. Belleville, 120, f. Denoyez.

Arr.

18 Léon, c. Cavé, 32, f. d'Oran.

16 Léonard-de-Vinci, c. pl. Eylau, f. Villejust. — Peintre, sculpteur, ingénieur, écrivain et poëte; l'un des plus vastes génies qui honorent l'Italie. Né en 1452, m. en 1519.

11 Léonidas (pass.), c. ch. des Plantes, 6, f. Ste-Eugénie.

9 Léonie, c. La Bruyère, 42, f. Chaptal, 15.

12 Léopold, c. Laroche, f. de Bercy, 67.

19 Lepage (cité), c. de Meaux, 27, f. b. La Villette, 165.

9 Le Peletier, c. blv. des Italiens, f. Châteaudun, 13. — Prévôt des march. en 1786.

12 Lepou, c. Erard, 12, f. blv. Mazas.

18 Lepic, c. blv. de Clichy, 82, f. Ravignan.

4 Leregrattier, c. q. d'Orléans, 20, f. q. Bourbon, 21.

16 Leroux, c. av. d'Eylau, f. av. Uhrich. — Philosophe et économiste fr. Né en 1798.

20 Lesage, c. de Tourtille, 17, f. Jouye-Rouve. — Auteur dram.; son chef-d'œuvre est Gil Blas. Né en 1668, m. en 1747.

11 Lesage (pass.), c. imp. Mortagne, f. pass. Keller.

11 Lesdiguières, c. de la Cerisaie, f. St-Antoine, 228. — Célèbre général calviniste. Né en 1543, m. en 1626.

16 Lesueur, c. av. Uhrich, f. av. Gr.-Armée. — Grand peintre, surnommé le Raphaël fr. Né en 1617, m. en 1655.

15 Letellier, c. Croix-Nivert, 21, f. Violet, 15. — Ministre de la guerre sous Louis XIV. Bossuet et Fléchier ont prononcé son oraison funèbre. Né en 1603, m. en 1685.

15 Letellier (prolongée), c. Lourmel, f. Viala.

18 Letort, c. du Poteau, f. blv. Ney.

13 Levée (imp.), c. Moulin-des-Prés, 2.

20 Levert, c. de Belleville, f. de la Mare.

11 Levert (pass.), c. Vaucanson, f. Basfroi.

17 Lévis, c. blv. Batignolles, 101, f. d'Asnières. — Nom d'une famille noble qui figure dans l'histoire dès le xie siècle.

17 Lévis (pl.), c. de Lévis, f. Bac d'Asnières.

5 Lhomond, c. pl. de l'Estrapade, f. de l'Arbalète. — Auteur de grammaires et autres ouvrages classiques. Né en 1727, m. en 1794.

14 Liancourt, c. Boulard, f. ch. du Maine.

20 Lianes, c. de Bagnolet, 147, f. Pelleport, 32.

20 Liban (du), c. des Maronites, f. Julien-Lacroix, 7.

12 Libert, c. blv. de Bercy, 80, f. de la Nativité.

12 Lieutenance (sent. de la), c. Marguettes, f. blv. Soult.

19 Lilas (des), c. du Pré, 25, f. blv. Sérurier.

Arr.

10 Lilas (pass.), c. des Lilas, 10.
11 Lilas (cité des), c. pass. Ménilmontant.
11 Lilas (ruelle), c. St-Sabin, 50, f. blv. R.-Lenoir, 51.
7 Lille, c. des Sts-Pères, f. de Bourgogne, 13. — Ch.-l. du
   dép. du Nord; en mémoire de la défense opposée par
   cette ville aux Autrichiens en 1792.
14 Lille (de), c. pl. d'Enfer, 14, f. Daguerre.
1 Lingerie (de la), c. des Halles, 22, f. Berger, 13.
5 Linné, c. Lacépède, f. pl. de Jussieu. — Célèbre natural.
   suédois ; donna à la botanique une classification métho -
   dique. Né en 1707, m. en 1778.
15 Linois, f. des Entrepreneurs. — Contre-amiral; battit les
   Anglais dans la baie d'Algésiras en 1801. Né en 1761,
   m. en 1848.
14 Lions (imp. des), c. Amelot, 64.
11 Lions-St-Paul (des), c. du Petit-Muse, 7, f. St-Paul.
8 Lisbonne, c. Courcelles, 68, f. av. de Portalis. — Cap. du
   Portugal, prise par les Français le 10 nov. 1807.
4 Loban (pl. de), c. q. H.-de-Ville, f. Rivoli. — Commandant en chef des gardes nat. de Paris, maréchal de
   France. Né en 1770, m. en 1838.
6 Lobineau, c. de Seine, 78, f. Mabillon. — Bénédictin,
   auteur de la suite de l'*Histoire de Paris*, par Félibien.
   Né en 1667, m. en 1727.
10 Loire (q. de la), c. d'Allemagne, f. de Crimée. — Dép. de
   la France.
13 Loiret, c. du Chevaleret, f. blv. Masséna.
1 Lombards, c. St-Martin, 55, f. St-Denis, 72.
8 Londres, c. Clichy, f. pl. l'Europe. — Cap. de l'Angleterre.
9 Londres (cité), c. St-Lazare, 98, f. de Londres, 13.
16 Longchamp, c. av. de l'Emp. f. av. Roi-de-Rome.
16 Longchamp, c. av. Roi-de-Rome, f. Spontini.
19 Longcheval (pass.), c. Villette, 98, f. Annelets, 33.
8 Lord-Byron, c. Chateaub., f. Bel-Respiro. — Grand poëte
   anglais, alla combattre pour la Grèce et y mourut. Né
   en 1788, m. en 1821.
19 Lorraine, c. de Crimée, 101, f. de Crimée, 155.
2 Louis-le-Grand, c. N.-des-P.-Ch., f. blv. des Italiens. —
   Roi de France de 1641 à 1715.
11 Louis-Philippe (pass.), c. Lappe, f. pass. Thierri. — Roi
   des Français de 1830 à 1848.
4 Louis-Philippe (pont), c. q. H.-de-Ville, f. q. Bourbon.

Arr.

5 Lourcine, c. Mouffetard, 146, f. de la Santé.
15 Lourmel, c. blv. Grenelle, 215, f. Legrand. — Général fr.,
    qui fut tué à la bataille d'Inkermann, le 5 nov. 1854.
19 Louvain. c. Villette, 16, f. Lassus.
17 Louvain, c. Luagier, 14, f. Courcelles.
2 Louvois, c. Richelieu, 71, f. Ste-Anne, 12.
2 Louvois (pl.), c. Richelieu, 60, f. Lulli. — Ministre de
    Louis XIV. Né en 1641, m. en 1691.
1 Louvre, c. q. du Louvre, 30, f. St.-Honoré, 113.
1 Louvre (pl.), c. ég. St-G.-l'Aux., f. du Louvre.
1 Louvre (q.), c. pl. Trois-Maries, f. Carrousel.
7 Lowendal (av.), c. av. Tourville, f. b. Grenelle. — Ma-
    réchal de France; se distingua à Fontenoy. Né en 1700,
    m . en 1755.
10 Lubeck, c. av. de l'Emp., f. av. d'Iéna. — En mémoire
    de la bataille gagnée sur les Prussiens en 1806.
2 Lulli, c. Rameau, 2, f. Louvois. — Célèbre compos. flo-
    rentin; directeur de l'Opéra sous Louis XIV. Né en 1633,
    m. en 1687.
2 Lune (de la), c. blv. Bonne-Nouvelle, f. Poissonnière.
10 Lunéville, c. d'Allemagne, f. Petit, 63. — Dép. de la
    Meurthe. La Rép. fr. et l'Autriche y signèrent, en 1801,
    le célèbre traité de paix qui donna à la France le Rhin.
1 Luxembourg, c. de Rivoli, 230, f. blv. Madeleine.
15 Luxembourg (imp.), c. de Vaugirard, 152.
12 Lyon, c. blv. Mazas, 10, f. pl. Bastille.
12 Lyon (cité de), c. de Lyon, 18.
5 Lyonnais, c. Lourcine, 42, f. blv. Charbonniers.

M

6 Mabillon, c. Four-St-Germ., f. St-Sulpice. — Savant béné-
    dictin; son ouvrage principal est la *Diplomatique*. Né
    en 1632, m. en 1707.
10 Macdonald (blv.), c. c. de l'Ourcq, f. p. d'Aubervilliers. —
    Maréchal de France, duc de Tarente; s'illustra par la vic-
    toire de Wagram. Né en 1765, m. en 1841.
8 Mac-Mahon, c. av. d'Iéna, f. fg St-Honoré. — Maréchal
    de France, duc de Magenta. Le plus chevaleresque offi-
    cier de l'armée fr. Né en 1808.
12 Mâcon, c. q. de Bercy, 23, f. de Bercy, 51.
6 Madame, c. Mézières, 1, f. d'Assas, 71.
1 Madeleine (blv. de la), c. Luxembourg, 51, f. pl. Madel.

8 Madeleine (gal.), c. pl. Madel., f. Boissy-d'Anglas.
8 Madeleine (pass.), c. Madel., f. de l'Arcade.
8 Madeleine (pl. de la), c. Royale, f. Tronchet.
5 Mademoiselle, c. Cambronne, f. Entrepreneurs.
18 Madone (de la), c. Séguin, 28, f. Roses.
8 Madrid, c. pl. l'Europe, f. av. Portalis. — Cap. de l'Espagne. Les Français y entrèrent en 1808.
10 Magdebourg, c. q. de Billy, 50, f. av. Roi-de-Rome. — Ville forte de Prusse, fut prise par Ney en 1806.
8 Magellan, c. Chaillot, f. Bassano. — Célèbre navig. portugais; découvrit, en 1520, le détroit qui porte son nom, et fut tué en 1522.
13 Magendie, c. Corvisart, f. des Anglaises. — Célèbre physiologiste, membre de l'Institut. Né en 1783, m. en 1855.
20 Magenta, c. Ménilm., 100, f. sent. des Partants.
0 Magenta (blv.), c. pl. Chât.-d'Eau, f. blv. Rochech. — Ville de Lombardie, grande victoire remportée sur les Autrichiens en 1860.
10 Magenta (cité), c. blv. de Magenta, 33.
10 Magnan, c. b. Magenta, f. q. Valmy. — Maréchal de France; prit une part active au 2 déc. Né en 1791, m. en 1865.
2 Mail, c. pl. des P.-Pères, f. Montmartre, 81.
10 Maillet (pass.), c. de Meaux, 20, f. pass. Puébla.
11 Main-d'Or (pass.), c. fg St-Antoine, 133, f. Charonne, 60.
13 Malndron (pass.), c. av. d'Italie, f. ruelle Gandon.
15 Maine (av. du), c. b. Montparn., 30, f. pl. du Maine.
14 Maine (cité du), c. ch. du Maine, 16.
15 Maine (imp. du), c. av. du Maine, 26.
15 Maine (pl. du), c. av. du Maine, f. ch. du Maine.
18 Mairie (cité de la), c. La Vieuville.
19 Mairie (pl. de la), c. q. de l'Oise, f. Jomard.
13 Maison-Blanche (de la), c. av. d'Italie, f. de Choisy.
11 Maison-Brûlée (cour de la), c. fg St-Antoine, 89.
14 Maison-Dieu, c. de Vanves, 19, f. ch. du Maine, 86.
20 Maison-Neuve (cité), c. pass. des Rosiers, 3.
18 Maistre (de), c. av. St-Ouen, f. Lepic. — Auteur du *Voyage autour de ma chambre* et d'autres ouvrages ingénieux. Né en 1768, m. en 1853.
5 Maître-Albert, c. q. de la Tournelle, f. pl. Maubert. — Professeur célèbre au XIIIe siècle, donna ses leçons sur la place Maubert.
10 Malakoff (av. de), c. pl. Roi-de-Rome, f. av. Gr.-Armée.

    — Fort de Sébastopol, qui fut pris le 18 juin 1855.
15 Malakoff (imp.), c. des Morillons.
6 Malaquais (q.), c. de Seine, 2, f. des Sts-Pères.
7 Malar, c. q. d'Orsay, 71, f. St-Dominique, 166.
15 Mal-Assis, c. Vaugelas, f. Olivier-de-Serres.
5 Malebranche, c. Ste-Catherine, f. St-Jacques. — Oratorien
    et grand écrivain, auteur de la *Recherche sur la Vérité*.
    Né en 1637, m. en 1715.
8 Malesherbes, c. de la Bienfaisance, f. Monceau, 86.
8 Malesherbes (blv.), c. pl. Madeleine, f. porte d'Asnières.
    — Homme d'État, ministre de l'Intérieur et défenseur
    de Louis XVI, Né en 1721, m. sur l'échafaud en 1794.
9 Malesherbes (cité), c. des Martyrs, 59, f. de Laval, 20.
17 Malesherbes (pl.), c. blv. Malesh., f. de Neuilly.
4 Malher, c. de Rivoli 8, f. Pavée. — Nom d'un lieutenant
    tué dans les journées de juin 1848.
8 Maleville, c. Corvetto, f. Mollien. — Jurisconsulte; coopéra
    à la rédaction du Code civil. Né en 1741, m. en 1824.
13 Malmaisons (des), c. r. de Choisy, 150, f. pass. Gaudon. —
    Château près de Rueil, habité par l'impératrice Joséphine.
11 Malte, c. Oberkampf, f. F.-du-Temple. — En l'honneur du
    duc d'Angoulême, commandeur de Malte.
2 Mandar, c. Montorgueil, f. Montm. — Architecte et ingé-
    nieur habile, qui a vécu au xviiie siècle.
18 Manoir (du), c. Marcadet, 102, f. Ordener.
9 Mansart, c. Font. St-Georges, f. Blanche. — Architecte
    célèbre, constructeur du château de Versailles et de l'hôtel
    des Invalides. Né en 1645, m. en 1708.
16 Manutention, c. q. de Billy, f. de Chaillot.
20 Maraîchers (des), c. de Lagny, f. de Bagnolet.
10 Marais (des), c. de la Douane, f. F. St-Martin, 88.
8 Marbœuf, c. av. de l'Alma, f. av. Ch.-Elysées.
8 Marbœuf (av.), c. Marbœuf, f. av. Ch.-Elysées. — Général
    fr.; alla en Corse combattre Paoli, et resta maître du
    pays. Il protégea la famille Bonaparte et fit admettre le
    jeune Napoléon à l'école de Brienne. Né en 1712, m. en
    1786.
18 Marcadet, c. de la Chapelle, 75, f. blv. Bessières.
12 Marceau, c. Charenton, 243, f. Michel-Bizot. — Général en
    chef de l'armée de l'Ouest à 23 ans; fut tué près d'Al-
    ten-Kirchen. Né en 1769, m. en 1796.
11 Marcès (imp.), c. Popincourt, 30.
18 Marché (du), c. Riquet, 92, f. Torcy.

15 Marché (du), c. Croix-Nivert, 88, f. du Commerce, 81.
16 Marché (du), c. Singer, 16, f. pl. de Passy.
16 Marché (du), c. des Acacias, 36.
10 Marché (pass. du), c. fg St-Martin, 62, f. Bouchardon, 19.
4 Marché-Bl-Manteaux, c. Hosp.-St-Gerv. f. Vlle Temple.
5 Marché-aux-Chevaux (imp.), c. Geoff.-St-Hilaire, 3.
4 Marché-Neuf (q.), c. de la Cité, f. blv. du Palais.
5 Marché-des-Patriarches, c. Monge, f. Lhomond
11 Marché-des-Patriar. (pl.), c. Gracieuse, f. Mouffetard.
11 Marché-Popincourt, c. Ternaux, 17.
13 Marché-aux-Porcs (pl. du), c. av. d'Italie, f. r. de Choisy.
5 Marché-aux-Veaux (pl.), c. de Pontoise, 5, f. Poissy, 6.
1 Marché-St-Honoré (pl. du), c. M. St-Honoré, 41.
1 Marché-St-Honoré, c. St-Honoré, 330, f. Nve-des-P.-Ch., 83.
4 Marché-Ste-Catherine (pl. du), c. d'Ormesson, f. Caron 2.
20 Mare (de la), c. Belleville, f. Ménilmontant.
1 Marengo, c. de Rivoli, 161, f. St-Honoré, 140. — Village de Piémont, célèbre par la victoire du gén. Bonaparte sur les Autrichiens en 1800.
15 Marguerites (des), c. q. de Javel, 55, f. de Lourmel.
12 Marguettes (des), c. ch.-de-f. de Vinc., f. av. St-Mandé.
17 Marie (cité), c. du Docteur, 14.
4 Marie (pont), c. q. des Célestins, f. q. d'Anjou.
18 Marie-Antoinette, c. pl. St-Pierre, f. des Abbesses. — Epouse de Louis XVI. Née en 1755, m. sur l'échafaud en 1793.
2 Marie-Stuart, c. des Deux-Portes, f. Montorgueil. — Epouse de François II. Née en 1542, m. sur l'échafaud en Angleterre en 1587.
8 Marignan, c. av. Montaigne, 63, f. av. Ch.-Elysées. — Bourg du Milanais, où François Ier remporta en 1515, sur le duc de Milan, une bataille célèbre dite la bataille des Géants.
8 Marigny (av.), c. av. Ch.-Elys., f. fg St-Honoré, 59. — Frère de Mme de Pompadour; directeur des jardins de Louis XV.
11 Marluiers (sentier des), c. des champs, f. blv. Bruno.
17 Mariotte, c. Dames, 51, f. des Batign. — Physicien; perfectionna l'hydrostatique et découvrit la loi qui porte son nom. Né en 1620, m. en 1681.
2 Marivaux (de), c. de Grétry, 6, f. des Italiens. — Romancier et auteur comique, qui a donné à ses ouvrages un caractère particulier. Né en 1688, m. en 1763.

Arr.

15 Marmontel, c. Abbé-Groult, f. Olivier-de-Serres. — Littérateur distingué; secr. perpét. de l'Ac. fr. Né en 1728, m. en 1799.

13 Marmousets-Marcel, c. Gobelins, 96, f. Hippolyte.

19 Marne (de la), c. de Thionville, 13, f. q. de la Marne.

19 Marne (q. de la), c. de Crimée, 158.

19 Maroc (du), c. du Flandre, f. d'Aubervilliers, 38. — Célèbre expédition en 1844.

19 Maroc (pl. du), c. Tanger, 27, f. du Maroc.

20 Maronites (des), c. blv. de Belleville, 16, f. Julien-Lacroix.

10 Marqfoy, c. du Terrage, f. Eclu. St-Martin, 23.

16 Marronniers, c. Raynouard, f. Boulainvilliers.

10 Marseille, c. de l'Entrepôt, 31, f. des Vinaigriers.

2 Marsollier, c. Méhul, f. Monsigny. — Auteur dram. de grand mérite. Né 1750, m. en 1817.

12 Marsoulaud (cité), c. de Reuilly, 119.

10 Martel, c. Petites-Ecuries, 10, f. Paradis, 15. — Echevin de la ville de 1764 à 1766.

7 Martignac, c. St-Dominique, 109, f. de Grenelle, 132. — Ministre de l'intérieur en 1827. Né en 1773, m. en 1832.

7 Martignac (cité), c. de Grenelle, 111.

18 Martin, c. blv. La Chapelle, f. du Département.

9 Martyrs (des), c. Lamartine, 64, f. La Vieuville.

13 Masséna (blv.), c. p. de la Gare, f. p. d'Italie. — Maréchal de l'Empire, duc de Rivoli et prince d'Esling. Ce grand guerrier brilla sans égal parmi les lieutenants de Napoléon. Né en 1758, m. en 1817.

7 Masséran, c. Eblé, 5, f. de Sèvres, 90.

4 Massillon, c. Chanoinesse, 7, f. C.-N.-Dame. — Oratorien, évêque de Clermont, un des premiers orateurs. Né en 1663, m. en 1742.

18 Masson (cité), c. Mont-Cenis, f. N.-Charbonnière.

18 Massonnet (imp.), c. Poissonniers, 139.

4 Masure (de la), c. q. H.-de-Ville, f. H.-de-Ville, 23.

10 Mathis, c. de Flandre, 107, f. Curial, 12.

8 Matignon, c. Rabelais, 2, f. de Penthièvre, 13. — Maréchal de France; sauva les protestants d'Alençon et de St-Lô à l'époque de la St-Barthélemy. Né en 1525, m. en 1597.

8 Matignon (av. de), c. av. Ch.-Elysées, f. Rabelais.

5 Maubert (pl.), c. Grands-Degrés, 9, f. blv. St-Germain, 51.

5 Maubert (imp.), c. pl. Maubert, 1. — Abbé de Ste-Genev. au XIIe s.

Arr.

5 Maubeuge, c. Fg-Montmartre, 68, f. blv. La Chapelle. — Ville forte assiégée par le prince de Cobourg et délivrée par Jourdan.
15 Maublanc, c. Blomet, 103, f. Vaugirard, 261.
4 Maubuée, c. Brisemiche, f. St-Martin, 122.
1 Mauconseil, c Verderet, f. Montorgueil, 38.
2 Mauconseil (imp.), c. St-Denis, 271.
3 Maure (du), c. Beaubourg, f. St-Martin, 108.
11 Maurice (pass.), c. Chemin-Vert, f. St-Maur, 23.
13 Maurice-Mayer, c. de la Santé, f. la Glacière.
4 Mauvais-Garçons (des), c. Rivoli, 46, f. Verrerie.
11 Mauve (pass.), c. Fg-St-Ant., 240, f. de Montreuil.
10 Mauxens (ruelle), c. Romainville, f. blv. Sérurier.
0 Mayet, c. de Sèvres, 131, f. Cherche-Midi, 122.
0 Mayran, c. de Lafayette, 79, f. Rochech. — Général fr. d'un grand mérite. Né en 1801, m. en 1855.
14 Mazagran, c. de Constantine, f. de l'Ouest. — Village d'Algérie (Oran), dans lequel 123 soldats fr. résistèrent héroïquement en 1840 à 12,000 Arabes.
12 Mazagran (cité), c. blv. de Bercy.
10 Mazagran (imp.), c. Mazagran, 5.
20 Mazagran (ruelle), c. de Calais, 75, f. de la Duée, 15.
10 Mazagran, c. B.-Nouvelle, 18, f. de l'Echiquier, 9.
6 Mazarine, c. de Seine, 3, f. de Buci, 2. — Premier ministre de Louis XIII et de la régente Anne d'Autriche; fondateur de la première bibliothèque publique. Né en 1602, m. en 1661.
12 Mazas (blv.), c. q. de la Rapée, 91, f. pl. du Trône, 4. — Colonel du 14e régiment, tué à Austerlitz.
12 Mazas (pl.), blv. Mazas, f. blv. Contrescarpe.
6 Mazet, c. Dauphine, 17, f. St-André-des-Arts.
19 Meaux (de), blv. La Villette, 130, f. d'Allemagne, 102.
14 Méchain, c. de la Santé, 36, f. Fg-St-Jacques, 55. — Célèbre astronome, membre de l'Institut. Né en 1744, m. en 1801.
14 Médéah, c. Vandamme, f. de Constantine, 1. — Ville forte d'Algérie, prise en 1840 par le maréchal Vallée.
6 Médicis (de), c. Vaugirard, 13, f. blv. St-Michel, 58. — Marie de M., épouse de Henri IV et régente de France de 1610 à 1624. Née en 1573, m. en 1642.
1 Mégisserie (q. de la), c. Pont-au-Change, f. Pont-Neuf.
2 Méhul, c. N.-des-P.-Ch., f. Delayrac. — Célèbre compositeur; membre de l'Institut. Né en 1763, m. en 1817.
2 Ménars, c. Richelieu, 70, f. Quatre-Septembre.

Arr.

18 Ménessier, c. Véron, f. des Abbesses.
20 Ménilmontant, c. blv. Ménilm. 139, f. Pelleport.
11 Ménilmontant (blv. de), c. des Rats, f. Oberkampf, 161.
11 Ménilmontant (imp.), c. Oberkampf, 132.
11 Ménilmontant (pass.)), c. Oberk. 138, f. blv. Ménilm.
20 Ménilmontant (pl.), c. Ménilm. 71, f. d'Eupatoria.
18 Menuisiers (des), cité Falaise, f. les champs.
1   Mercier, c. de Viarmes, 11, f. J.-J.-Rousseau, 24. — Échevin
    en 1762.
11 Mercœur, blv. Voltaire, 127, f. des Boulets, 123. — Habile
    général; chef des ligueurs en Bretagne. Né en 1548, m. en 1602.
20 Méridien (du), c. des Tourelles, 11, f. Tourelles 17.
11 Merlin, c. de la Roquette, 113, f. Chemin-Vert. — Juris-
    consulte célèbre; ministre du Directoire. Né en 1754, m.
    en 1838.
3   Meslay, c. du Temple, 205, f. fg St-Martin, 330.
16 Mesnil, c. St-Didier, f. pl. d'Eylau.
10 Messageries (des), c. d'Hauteville, 73, f. fg Poissonnière.
11 Messier, c. blv. Arago, f. de Humboldt. — Astronome,
    célèbre par son habileté à découvrir les comètes. Né en
    1730, m. en 1817.
8   Messine (av. de) c. blv. Haussmann, f. de Monceau, 42.
    — Ville et port d'Italie; en mémoire de la grande bataille
    navale qui eut lieu devant Messine, le 2 juin 1676.
10 Metz, c. de Strasbourg, 1, f. de Nancy, 3.
14 Meunier (av.), c. Procession, 126, f. d'Alésia.
20 Meunier (imp.), c. imp. de l'Industrie.
19 Meurthe (de la), c. de Thionville, f. q. de la Marne.
18 Mexico, c. de Puébla. — Cap. du Mexique; prise par l'armée
    fr. en 1863.
18 Mexico (imp.), c. Pierre-Picard, 7.
9   Meyerbeer, c. Ch.-d'Antin, f. Halévy. — Le plus illustre,
    avec Rossini, des compos. dram. contemporains. Auteur
    de Robert le Diable, l'Africaine, etc. Né en 1794, m. en 1864.
19 Meynadier, c. de Mexico, f. de Crimée, 95.
6   Mézières, c. Bonaparte, 80, f. Cassette.
19 Michaud (cité), c. de Flandre, 99.
16 Michel-Ange, c. blv. Murat, f. d'Auteuil. — Architecte,
    sculpteur, peintre et poète de premier ordre; auteur d'un
    grand nombre de chefs-d'œuvre. Né en 1474, m. en
    1563.
12 Michel-Bizot, c. pl. de Charenton, f. Cours-Vincennes.
3   Michel-Lecomte, c. du Temple, 37, f. Beaubourg, 51.

Arr.

2 Michodière (de la), c. N.-St-August., 28, f. blv. des Italiens.
— Prévôt des marchands de 1772 à 1778.
18 Midi (cité du), c. blv. de Clichy, 48.
16 Mignard, c. av. d'Eylau, f. av. de l'Emper. — Peintre fr.; décora les salons des Tuileries. Né en 1608, m. en 1608.
6 Mignon, c. Serpente, f. Jardinet. — Fondat. d'un collége au xive siècle.
19 Mignottes (des), c. des Solitaires, f. Compans.
19 Mignottes (imp.), c. Crimée, f. des Mignottes.
9 Milan, c. de Clichy, 33, f. d'Amsterdam. — Ano. cap. de la Lombardie, sur l'Olona.
20 Milcent (imp.), c. des Cendriers, 46.
12 Millaud (av.), c. de Bercy, 228, f. de Lyon, 21.
9 Milton, c. Lamartine, 46, f. Hip.-Lebas. — Auteur du *Paradis perdu*, épopée sans modèle, qui l'a classé parmi les plus beaux génies poétiques de tous les siècles. Né en 1608, m. en 1674.
3 Minimes (des), c. Tournelles, 35, f. Turenne, 36.
15 Miollis, c. blv. Grenelle, 55, f. Cambronne, 25. — Général fr.; se distingua en Italie, où il fit élever un monument à Virgile. Né en 1759, m. en 1828.
16 Mirabeau, c. r. de Versailles, f. de la Municip. — L'orateur le plus éloquent de l'Assemblée nationale. Ses restes furent déposés au Panthéon. Né en 1749, m. en 1791.
2 Miracles (pass.), c. imp. de l'Etoile, f. c. des Miracles.
2 Miracles (cour), c. Damiette, 1.
8 Miroménil, c. F.-St-Honoré, 100, f. blv. Courcelles, 13. — Garde des sceaux sous Louis XVI. Né en 1723, m. en 1796.
6 Missions (des), c. de Sèvres, 73, f. Vaughard, 90.
9 Mogador, c. blv. Haussmann, 40, f. de Provence, 85. — Ville de Maroc; bombardée et prise par les Français en 1844.
1 Moineaux (des), c. des Orties, 3, f. St-Roch, 22.
17 Moines (des), c. pl. Batignolles, f. Marcadet.
3 Molay, c. Porte-Foin, f. du Petit-Thouars. — Dernier grand-maître des Templiers, brûlé vif à Paris le 18 mars 1314.
1 Molière, c. pl. Th.-Français, f. Richelieu, 67. — Le plus grand des poètes comiques de toutes les nations, au jugement de Voltaire. Né en 1622, m. en 1673.
3 Molière (pass.), c. St-Martin, 159, f. Quincampoix, 82.
16 Molitor, c. de la Municip. f. blv. Murat. — Général dis-

Arc.

tingué de la Républ. et de l'Empire. Né en 1770, m. en 1840.

8 Mollien, c. Treilhard, f. de Lisbonne.

8 Monceau, c. fg St-Honoré, f. du Rocher, 95.

9 Moncey, c. Blanche, 55, f. de Clichy, 46. — Général en chef en 1795, devint maréchal avec le titre de duc de Conegliano. Né en 1751, m. en 1842.

17 Moncey (pass.), c. av. St-Ouen, f. Moncey.

1 Mondétour, c. Rambuteau, 101, f. Turbigo, 8. — Echevin de la ville de Paris en 1525.

20 Mondétour (ruelle), c. Pelleport, 20, f. des Champs, 32.

1 Mondovi, c. de Rivoli, 242, f. Mont-Thabor, 29. — Ville de Piémont. Célèbre par la victoire de Bonaparte sur les Austro-Sardes en 1796.

5 Monge, c. pl. Maubert, f. Mouffetard. — Savant géomètre et physicien ; un des fondateurs de l'Ecole polytechn.; suivit Bonaparte en Egypte, devint sénateur et comte de Péluse sous l'Empire. Né en 1746, m. en 1818.

5 Monge (pl.), c. Monge, f. Gracieuse.

2 Mongenot, c. blv. Soult, f. av. de St-Mandé.

10 Monjol, c. Legrand, f. Asselin, 12.

11 Monnaie (de la), c. pl. Trois-Maries, f. Rivoli, 75.

7 Monsieur (de), c. Babylone, 59, f. Oudinot, 16. — Comte de Provence, régna sous le nom de Louis XVIII. Né en 1755, m. en 1824.

6 Monsieur-le-Prince, c. Carref. de l'Odéon, f. blv. St-Michel, 56.

2 Monsigny, c. Marsollier, 19, f. Quatre-Sept. — Compositeur fr. Un des créateurs de l'Opéra-comique à Ariette. Né en 1729, m. en 1811.

5 Montagne-Ste-Genev. c. Monge, 2, f. pl. Ste-Geneviève.

8 Montaigne c. av. Ch.-Elysées, f. fg St-Honoré, 95. — Grand écrivain du XVIᵉ s.; auteur des Essais. Né en 1533, m. en 1592.

8 Montaigne (av.), c. pl. de l'Alma, f. av. des-Ch.-Elysées.

8 Montalivet, c. d'Aguesseau, f. des Saussaies. — Ministre de l'intérieur de 1809 à 1814. Né en 1766, m. en 1823.

14 Montbrun, c. Darcau, f. d'Alésia. — L'un des plus vaillants chefs protestants. Né en 1510, fut décapité en 1575.

18 Montcalm, c. Daumémont, f. du Ruisseau. — Général qui eut le commandement en chef des troupes françaises dans l'Amérique septentrionale. Né en 1712, tué sous les murs de Québec en 1759.

18 Mont-Cenis, c. pl. de l'Eglise, f. Belliard. — Montagne sous la chaîne des Alpes.

15 Montebello, c. av. Magenta, f. Chauvelot. — Village d'Italie, célèbre par deux victoires des Français sur les Autrichiens en 1800 et 1859.

20 Montebello (imp.), c. imp. de l'Industrie.

5 Montebello (q.), c. Grands-Degrés, f. pl. du Pt-Pont.

10 Monténégro (pass.), c. Haxo, 125, f. Romainville, 26. — Petit Etat de la Turquie, gouverné par un prince.

17 Montenotte, c. av. Ternes, f. av. Prince-Jérôme. — Village d'Italie où Bonaparte défit les Autrichiens en 1796.

12 Montéra, c. av. St-Mandé, f. b. Soult.

16 Montespan (square), c. de la Pompe, 81. — Favorite de Louis XIV. Née en 1641, m. en 1707.

1 Montesquieu, c. C.-d.-P.-Champs, 11. f. Bons-Enfants, 16. — Philosophe, historien et écrivain de premier ordre; éclaira l'Europe par ses ouvrages, surtout par l'*Esprit des lois*. Né en 1689, m. en 1755.

1 Montesquieu (pass.), c. Cl. St-Honoré, 3, f. Montesq., 7.

6 Montfaucon, c. Ecole-de-Méd. f. Clément, 10. — Savant bénédictin, membre de l'Institut. Né en 1655, m. en 1741.

12 Montgallet, c. Charenton, 187, f. de Reuilly, 68.

12 Montgallet (pass.), c. Erard, 26.

3 Montgolfier, c. de Turbigo, 19, f. Vertbois, 23. — Inventeur du bélier hydraulique et des aérostats. Né en 1740, m. en 1810.

9 Montholon, c. fg Poissonnière, 85, f. Rochech., 2. — Conseiller d'Etat en 1780.

10 Montier (pass.), c. Crimée, 120, f. d'Allemagne.

11 Mont-Louis, c. Fol.-Regnault, 20, f. blv. Charonne.

12 Montmartel (imp.), c. Nicolaï, 20.

2 Montmartre (blv), c. Montmartre, 181, f. Drouot, 2.

2 Montmartre (cité), c. Montmartre, 55, f. d'Argout, 54.

2 Montmartre (gal.), c. pass. Panoramas, f. Montm., 151.

1 Montmartre, c. pointe St-Eustache, f. blv. Poissonnière, 31.

3 Montmorency, c. du Temple, 103, f. St-Martin, 214. — Dit le grand *connétable*; se distingua à Bouvines, et contribua aux succès de Louis VIII contre les Anglais. M. en 1230.

16 Montmorency (blv.), c. l'Assomption, f. d'Auteuil.

16 Montmorency (av.), c. Poussin, f. blv. Montmorency.

1 Montorgueil, c. pointe St-Eustache, f. St-Sauveur, 61.

6 Montparnasse, c. N.-D.-des-Champs, f. blv. Montrouge, 58.

6 Montparnasse (blv.), c. de Sèvres, 143, f. car. de l'Observat.

Arc.

1 Montpensier, c. Richelieu, 8, f. Beaujolais. — Second fils du duc d'Orléans; servit sous Dumouriez, et se distingua à Valmy et à Jemmapes. Né en 1775, m. en 1807.

1 Montpensier (gal.), c. pass. Montpensier, f. périst. Joinville.

1 Montpensier (périst.), c. gal. Chartres, f. gal. Montp.

11 Montreuil, c. fg St-Antoine, 223, f. blv. Charonne, 33.

14 Montrouge (blv.), c. blv. d'Enfer, f. pl. du Maine.

14 Montrouge (pl.), c. la Mairie, f. ch. du Maine.

14 Montsouris, c. Voie-Verte, f. Tombe-Issoire.

14 Montsouris (av.), c. pl. d'Enfer, f. av. Reille.

1 Mont-Thabor, c. d'Alger, 7, f. Mondovi, 8. — Glorieuse bataille gagnée en Syrie par les Français sur les Turcs en 1799.

9 Montyon, c. Trévise, 7, f. Geoffroy-Marie. — Célèbre philanthrope; fonda en 1782, des prix de vertu et de littérature; légua en mourant des capitaux considérables à l'Institut, pour en distribuer les revenus aux auteurs des travaux les plus utiles. Né en 1733, m. en 1820.

11 Moraud, c. Trois-Couronnes. f. l'Orillon, 18. — Général; se distingua à Austerlitz. Né en 1770, m. en 1835.

12 Moreau, c. av. Daumesnil, f. Charenton, 210. — Grand général de la Répub.; rivalisa de gloire avec Bonaparte par ses succès en Allemagne. Né en 1763, blessé mortellement dans les rangs des alliés à Dresde en 1813.

18 Moreau (pass.), c. cité Falaise, f. les champs.

14 Morère, c. Friant, f. route de Châtillon.

11 Moret, c. Oberkampf, 133, f. Trois-Couronnes, 21.

15 Morillons, c. Chem.-du-Moulin, f. C.-de-f.-Ouest.

15 Morillons (imp. des), c. Morillons.

15 Morin (imp.), c. Ch.-des-Périchaux.

4 Morland (blv.), c. blv. Bourdon, f. q. de Sully. — Colonel des chasseurs de la garde, tué à Austerlitz.

9 Morlot, c. pl. de la Trinité, f. la Trinité, 5.

4 Mornay, c. Crillon, f. Sully. — Administrateur des finances de Henri IV; surnommé le Pape des Huguenots. Né en 1549, m. en 1623.

2 Morse, c. pl. de la Bourse, f. pl. de l'Opéra. — Peintre américain; inventeur du télégraphe électrique. Né en 1791, m. en 1871.

11 Mortagne (imp.), c. Charonne, 17, f. pass. Lesage.

20 Mortier (blv.), c. porte Bagnolet, f. p. Romainville. — Maréchal de l'Empire et duc de Trévise; ministre de la

Arr.

guerre en 1831. Né en 1768, tué par l'explosion de la machine de Fieschi en 1835.

8 Moscou, c. Berlin, 29, f. blv. Batign., 41. — Anc. cap. de la Russie, occupée par Napoléon en 1812 et incendiée d'après l'ordre de Rostopchine.

10 Moselle (de la), c. d'Allemagne, f. q. de la Loire, 40.

5 Mouffetard, c. Thouin, f. Monge.

11 Moufle (pass.), c. Chemin-Vert, f. blv. Rich.-Lenoir, 61.

12 Moulin (pass.), c. Châlons, 24, f. imp. Bouton.

14 Moulin-de-Beurre, c. Vandamme, f. Constantine.

11 Moulin-Joli (imp.), c. Trois-Couronnes, 30.

13 Moulin-de-la-Pointe, c. av. d'Italie, 104, f. blv. Kellermann.

13 Moulin-des-Prés (sent.), c. Vanderzanne, 35.

13 Moulin-des-Prés, c. blv. d'Italie, 25, f. ch. même nom.

14 Moulin-Vert, c. Ch. du Maine, 100, f. Terrier-à-Lapins.

14 Moulin-Vert (imp.), c. ch. des Plantes, 21.

14 Moulin-de-la-Vierge (pass.), c. Constantine, f. Vanves, 104.

13 Moulinet (pass.), c. av. d'Italie, 58.

1 Moulins (des), c. Moineaux, f. N.-d.-P.-Champs, 40.

18 Moulins (des), c. av. de Clichy, 50.

14 Moulins (imp. des), c. Tombe-Issoire, 04.

13 Mouny (ruelle), c. du Pot-au-Lait, f. Glacière, 67.

20 Mouraud (sentier), c. Orteaux, f. Cr.-St-Simon.

12 Mousquetaires (pass. des), c. q. de la Rapée, f. Bercy, 140.

14 Mouton-Duvernet, c. av. d'Orléans, 30, f. ch. du Maine. — Général, député en 1815, m. en 1816.

12 Moynet (cité), c. Charenton, 170.

16 Mozart, c. ch. de la Muette, f. La Fontaine. — Compositeur allemand d'un grand génie. On admire parmi ses ouvrages, qui sont tous des chefs-d'œuvre, l'opéra de *Don Juan*, celui de la *Flûte enchantée*, etc. Né en 1756, m. en 1791.

16 Mozart (imp.), c. Mozart.

16 Muette (b. de la), c. av. Prudhon, f. blv. Suchet.

1 Mulets (des), c. d'Argenteuil, 54, f. Moineaux, 27.

2 Mulhouse, c. Cléry, f. Jeûneurs. — Turenne y défit des Impériaux en 1674.

10 Mulhouse (pass.), c. d'Allemagne, 62, f. Meaux, 75.

18 Muller, c. Raincy, f. la Butte. — Peintre d'histoire fr. Né en 1801, m. en 1867.

16 Municipalité (de la), c. Wilhem, f. Claude-Lorrain.

16 Murat (blv.), c. porte d'Auteuil, f. p. Billancourt. — Maréchal, prince et grand amiral de l'Empire. Monta sur

7

le trône de Naples en 1808. Conserva sa couronne en
1814 pour prix de son alliance avec les ennemis. Né en
1771, fusillé à Pizzo en 1815.

8 Murillo, c. Courcelles, 75, f. parc Monceaux. — Un des
plus célèbres peintres espagnols. Né en 1616, m. en 1685.

11 Murs-de-la-Roquette, c. la Roquette, f. Mercœur.

Musset, c. Boileau, f. Jouvenet. — Poëte fr.; esprit char-
mant et original. Né en 1810, m. en 1857.

18 Myrrha, c. Stephenson, f. Clignancourt.

N

17 Naboulet (imp.), c. Marcadet.
10 Nancy, c. fg St-Martin, 151, f. de Metz, 14.
11 Nanettes (ruelle des), c. blv. Ménilmontant.
15 Nansouty, c. av. Reille, f. blv. Jourdan. — Général fr.; prit
part à la conquête de Hanovre et aux batailles d'Austerlitz, de Wagram et de Friedland. Né en 1768, m. en
1815.
19 Nantes (de), c. de Flandres, 130, f. q. de l'Oise, 17.
8 Naples, c. blv. Malesherbes, 72, f. de Rome, 61. — Anc.
cap. du roy. des Deux-Siciles, prise par les Français
en 1799.
1 Napoléon (av.), c. pl. Th.-Français, f. pl. de l'Opéra. —
Empereur des Français et roi d'Italie. Né en 1769, m.
en 1821.
20 Napoléon (cité), c. Bisson, 42.
14 Napoléon (cité), c. Tombe-Issoire, 99.
1 Napoléon (pl.), c. le Louvre, f. pl. Carrousel.
12 Napoléon III (pont), c. q. Bercy, f. q. de la Gare. — Empereur des Français, de 1852 à 1870. Né en 1808.
4 Napoléon (q.), c. pont St-Louis, f. pont N.-Dame.
20 Napoléon (square), c. Bisson, 39, f. Bisson, 51.
18 Nation (de la), c. blv. Ornano, f. Clignancourt.
13 Nationale, c. blv. de la Gare, 115, f. ch. des Rentiers.
12 Nativité (de la), c. pl. même nom, f. Charenton, 200.
12 Nativité (imp. de la), c. pl. du même nom.
12 Nativité (pl. de la), c. de Bercy, 10, f. Nativité 1.
0 Navarin, c. Martyrs, 37, f. Breda, 18. — Ville de Grèce
où l'armée navale anglo-française incendia la flotte
turco-égyptienne, en 1827.
4 Necker, c. d'Ormesson, 1, f. Jarente. — Célèbre économiste;
ministre des finances de Louis XVI; son renvoi causa

Arr,

    un soulèvement pendant lequel eut lieu la prise de la Bastille. Né en 1732, m. en 1804.

11 Nemours, c. Oberkampf, 61, f. Trois-Bornes, 2. — Deuxième fils du roi Louis-Philippe. Né en 1814.

1 Nemours (gal.), c. St-Honoré, f. gal. Chartres.

6 Nesle (de), c. Dauphine, 22, f. de Nevers, 24. — Jean II, roi de France de 1350 à 1364. Né en 1319, m. en 1364.

11 Neufchateau, c. Rich.-Lenoir, f. blv. Voltaire.

17 Neuilly (blv.), c. de Lévis, f. blv. Gouv.-St-Cyr.

9 Neuve-Bossuet, c. T.-d'Auvergne, f. N.-des-Martyrs.

11 Neuve-des-Boulets, c. des Boulets, 58, f. Nice.

3 Neuve-Bourg-l'Abbé, c. St-Martin 203, f. blv. Sébastopol, 68.

1 Nve-des-Capucines, c. de la Paix, f. blv. Capucines, 43.

9 Nve-Coquenard, c. Maubeuge, 9, f. Tour-d'Auvergne.

18 Nve-Dejean, c. Poissonniers, 21, f. blv. Ornano.

13 Nve-Désirée, c. pass., Croulebarbe, f. les champs.

9 Nve Fénelon, c. N.-des-Martyrs, 30, f. T.-d'Auvergne.

9 Nve-Font.-St-Georges, c. Duperré, 26, f. blv. Clichy, 39.

18 Nve de la Goutte-d'Or, c. blv. La Chapelle, 112, f. Goutte-d'Or, 57.

14 Nve-du-Maine, c. la Gaîté, 8, f. Ch.-du-Maine, 11.

9 Nve-des-Martyrs, c. des Martyrs, 28, f. cité Fénelon.

8 Nve-des-Mathurins, c. Scribe, 17, f. blv. Malesherbes, 36.

4 Nve-N.-Dame, c Parvis-N.-D., f. de la Cité.

1 N.-des-Pet.-Champs, c. Radziwill, 37, f. de la Paix, 2.

11 Nve-Popincourt, c. Oberkampf, 60, f. pass. même nom.

10 Nve-Pradier, c. l'Est-Pradier, 10.

2 Nve-St-Augustin, c. Richelieu, 75, f. blv. Capucines, 20.

5 Nve-St-Médard, c. Gracieuse, 47, f. Mouffetard 37.

4 Nve-St-Merri, c. du Temple, 23, f. St-Martin, 102.

15 Nve-du-Théâtre, c. Roussin, f. Pour.-du-Théâtre.

15 Nve-de-Vanves, c. de Vouillé, f. Morillons.

15 Nve-de-Vanves (imp.), c. Fourneaux, f. Ch.-de-Fer.

6 Nevers, c. q. Conti, f. Nesle, 12.

6 Nevers (imp.), c. de Nesle, 13.

10 Neveux (pass.), c. blv. Strasbourg, f. fg St-Denis, 92.

16 Newton, c. av. Joséphine, 75, f. La Pérouse. — Savant anglais, le plus vaste génie des temps modernes. Il créa l'analyse infinitésimale, décomposa la lumière au moyen du prisme, posa les principes d'optique et démontra que les lois de Kepler sont le résultat de la gravitation universelle. Né en 1643, m. en 1727.

18 Ney (blv.), c. porte d'Aubervilliers, f. p. St-Ouen. — Ma-

Arr.

réchal de l'Empire, duc d'Elchingen; se distingua surtout à la bataille de la Moscowa. En 1814, il se rallia aux Bourbons et se joignit à Napoléon après. Arrêté après les Cent-Jours, il fut condamné et fusillé. Né en 1769, m. en 1815.

11 **Nice**, c. Nve-des-Boulets, f. Charonne, 152. — Réunie à la France en 1860.

15 **Nice-la-Frontière**, c. Brancion, f. Palestro.

12 **Nicolaï**, c. q. de Bercy, f. Ch.-des-Meuniers. — Premier président de la cour des comptes. Né en 1747, m. sur l'échafaud en 1794.

4 **Nicolas-Flamel**, c. Rivoli, 88, f. Lombards, 7. — Célèbre écrivain au xvᵉ s. Consacra sa grande fortune à la fondation de 14 hospices et 7 églises. M. en 1413.

5 **Nicole**, c. Val-de-Grâce, 9, f. blv. Port-Royal. — Un des plus illustres écrivains de Port-Royal. Né en 1625, m. en 1695.

18 **Nicolet**, c. Ramey, f. Bachelet.

7 **Nicolet**, c. q. d'Orsay, 57, f. de l'Université, 146.

16 **Nicolo**, c. de la Pompe, f. de Passy. — Compositeur maltais, d'origine fr.; auteur de 20 opéras-comiques. Né en 1777, m. en 1818.

11 **Nièpce**, c. de Vanves, f. de Ouest. — Inventeur de la photographie. Né en 1765, m. en 1833.

2 **Nil (du)**, c. Damiette, f. Petit-Carreau. — Fleuve d'Afrique.

16 **Nitot**, c. Lubeck, f. Bellay.

3 **Noël (cité)**, c. Rambuteau, 22.

17 **Nollet**, c. des Dames, f. Cardinet, 24. — Physicien; membre de l'Institut. Né en 1700, m. en 1770.

11 **Nom-de-Jésus (cour du)**, c. fg St-Antoine, 47.

4 **Nonnains-d'Huyères**, c. q. des Célestins, f. Charlemagne.

17 **Nord (cité du)**, c. blv. Bessières, 22, f. Marcadet.

18 **Nord (pass. du)**, c. Mont-Cenis, f. blv., Ornano.

19 **Nord (pass. du)**, c. Petit, 31, f. Petit, 37.

3 **Normandie**, c. Debelleyme, 30, f. Charlot, 61. — Anc. prov. dont la cap. fut Rouen, forme aujourd'hui 5 dép.

18 **Norvins**, c. pl. de l'Eglise, f. Girardon. — Littér. et administr. fr.; publia une Histoire de Napoléon. Né en 1769, m. en 1854.

4 **Notre-Dame (pont)**, c. q. de Gesvres, f. q. Napoléon.

2 **N.-D.-Bonne-Nouvelle**, c. Beauregard, f. blv. B.-Nouvelle.

6 **N.-D.-des-Champs**, c. Vaugirard, 63, f. l'Observat.

Arr.

9 **N.-D.-de-Lorette**, c. St-Lazare, 2, f. Pigalle, 50.
3 **N.-D.-de-Nazareth**, c. du Temple, 201, f. blv. Sébastop. 106.
2 **N.-D.-de-Recouvrance**, c. Beauregard, f. blv. B.-Nouvelle.
2 **N.-D.-des-Victoires**, c. pl. des-P.-Pères, f. Montm. 141.
5 **Noyers (des)**, c. pl. Maubert, 46, f. St-Jacques, 47.
11 **Nys**, c. de l'Orillon, 35, f. blv. Belleville, 85.
11 **Nys (cité)**, c. de l'Orillon, 95.

O

15 **Obélisque (pl. de l')**, c. Montebello, f. av. Magenta.
11 **Oberkampf**, c. blv. Filles-du-Calv., f. blv. Belleville. — Créateur de la manufacture des toiles peintes de Jouy. Né en 1738, m. en 1815.
1 **Oblin**, c. Viarmes, 37, f. Coquillière.
5 **Observatoire (carr.)**, c. Jard.-du-Luxemb. f. blv. Montparnasse, 148.
14 **Observatoire (av.)**, c. blv. Montparn. 173, f. l'Observat.
6 **Odéon (de l')**, c. car. de l'Odéon, 15, f. pl. de l'Odéon.
6 **Odéon (carref.)**, c. Ec.-de-Méd. 47, f. de Condé, 1.
6 **Odéon (pl. de l')**, c. de l'Odéon, 22, f. Rotrou, 2.
14 **Odessa (cité)**, c. du Départ, 5. — Ville et port de la Russie sur la mer Noire, bombardée par les escadres fr. et angl. en 1854.
8 **Odiot (cité)**, c. Berry, 13, f. Billault.
19 **Oise (de l')**, c. q. de l'Oise, f. de l'Ourcq.
19 **Oise (q. de l')**, c. Crimée, 160, f. blv. Macdonald.
3 **Oiseaux (ruelle)**, c. Mar.-Enf.-Rouges, f. Beauce, 18.
15 **Ollier**, c. Desnouettes, 10, f. Vaugirard, 302. — Curé de St-Sulpice; commença, en 1646, la construction de l'église et du séminaire de St-Sulpice. Né en 1608, m. en 1657.
15 **Olivier-de-Serres**, c. d'Alleray, f. blv. Lefèvre. — Naturalisa l'industrie de la soie en France. Né en 1539, m. en 1619.
11 **Omer-Talon**, c. Servan., f. Merlin. — Avocat général au parlement de Paris, auteur de *Mémoires*. Né en 1595, m. en 1652.
9 **Opéra (pass.)**, c. blv. des Italiens, 12, f. Le Peletier, 10.
9 **Opéra (pl.)** c. av. Napoléon, f. Auber.
18 **Oran**, c. Ernestine, 3, f. des Poissonniers. — Ville et port d'Algérie, occupé par les Français en 1831.
5 **Orangerie (de l')**, c. Daubenton, 20, f. Censier, 30.

Arr.

1 Oratoire-St-Honoré (de l'), c. Rivoli, 160, f. Honoré, 145.
18 Ordener, c. Marcadet, f. Championnet. — Général fr. et
      sénateur. Né en 1786, m. en 1862.
1 Orfèvres (des), c. St-Germ.-l'Auxer., 44, f. Jean-Lantier.
1 Orfèvres (q. des), c. pont St-Michel, f. Pont-Neuf.
18 Orient (de l'), c. Lepic, 68, f. Lepic, 76.
12 Orient (pass. d'), c. de Bercy, 232, f. de Lyon, 23.
11 Orillon (de l'), c. St-Maur, 166, f. blv. Belleville, 71.
11 Orillon (imp. de l'), c. de l'Orillon, 22.
12 Orléans (d'), c. q. de Bercy, 65, f. de Bercy, 9. — Fils de
      Charles V, assassiné par Jean-Sans-Peur en 1107.
12 Orléans (d'), c. de la Côte-d'Or, f. de Mâcon.
15 Orléans (d'), c. Olivier-de-Serres, f. Ch.-du-Moulin.
14 Orléans (av. d'), c. pl. d'Enfer, f. blv. Brune.
17 Orléans (d'), Batign., c. av. de Clichy.
17 Orléans (cité d'), c. Legendre.
9 Orléans (cité d'), c. Taitbout, 80.
1 Orléans (gal. d'), c. périst. de Valois, f. périst. de Mont-
      pens.
19 Orléans (pass. d'), c. d'Allemagne, 68, f. de Meaux.
4 Orléans (gal. d'), c. des Deux-Ponts, f. du Bellay.
1 Orléans-St-Honoré (d'), c. St-Honoré, 118, f. des Deux-
      Ecus.
20 Ormeaux (des), c. blv. Charonne, 40, f. Gr.-R.-Montr., 22.
18 Ornano (blv.), c. blv. de Rochechouart, f. blv. Ney. —
      Famille originaire de Corse, dont plusieurs membres se
      sont distingués dans l'armée fr.
15 Orne (de l'), c. de la Process., 95, f. de Vouillé.
7 Orsay (q. d'), c. du Bac, 2, f. blv. Grenelle. — Prévôt des
      marchands de 1700 à 1708.
20 Orteaux (des), c. Bagnolet, 42, f. Cr.-St-Simon.
1 Orties (des), c. d'Argenteuil, 31, f. Ste-Anne, 10.
3 Oseille (de l'), c. Turenne, 95, f. V.-du-Temple, 124.
20 Oiseaux (des), c. des Partants, f. en impasse.
20 Ottez (villa), c. Piat, 21.
7 Oudinot (c.), Vanneau, 53, f. blv. des Invalides, 49. — Duc
      de Reggio, maréchal de l'empire; se distingua surtout
      sur le champ de bataille de Wagram. Né en 1767, m.
      en 1847.
7 Oudinot (imp.), c. Vanneau, 55.
18 Oudot, c. des Poissonniers, f. du Poteau.
14 Ouest (de l'), c. Ch.-du-Maine, 58, f. d'Alésia.
14 Ouest (imp. de l'), c. de l'Ouest, 13, f. Lebouis.

Arr.

19 Ourcq (de l'), c. d'Allemagne, 143, f. d'Aubervilliers.
1 Ours (aux), c. St-Martin, 187, f. Montorgueil, 40.

P

1 Pagevin, c. J.-J.-Rousseau, 55, f. d'Aboukir.
15 Paillasses (ruelle des), c. Vaugelas, f. Olivier-de-Serres.
5 Paillet, c. Soufflot, 21, f. St-Jacques, 181. — Avocat élo
    quent, représentant du peuple et défenseur de Boizeau
    dans l'affaire Fieschi. Né en 1796, m. en 1855.
2 Paix (de la), c. N.-d.-P.-Champs, 81, f. pl. de l'Opéra.
14 Paix (de la), c. de la Tombe-Issoire, f. Voie-Verte, 20.
19 Paix (c. de la), La Villette, c. de Meaux, 72.
18 Pajol, c. pl. de la Chapelle, 8, f. pl. Hébert. — Général
    de cavalerie; commanda la division de Paris sous les
    Bourbons et passa à Napoléon dans les Cent-Jours. Né
    en 1772, m. en 1844.
16 Pajou, c. des Vignes, 8, f. l'Assomption. — Célèbre sta-
    tuaire fr.; membre de l'Institut. Né en 1730, m. en 1809.
1 Palais (blv. du), c. Pont-au-Change, f. Pont-St-Michel.
7 Palais-Bourbon (pl. du), c. Bourgogne, f. l'Université, 87.
1 Palais-Royal (pl. du), c. Rivoli, 176, f. Palais-Royal.
6 Palatine, c. Garancière, f. pl. St-Sulpice. — Nom porté par
    Anne de Bavière, femme du prince de Condé.
19 Palestine, c. Belleville, 71, f. Bisson. — Contrée de l'Asie.
2 Palestro, c. Turbigo, 29, f. Caire, 7. — En mémoire de
    la célèbre bataille gagnée par les Français sur les Autri-
    chiens en 1859.
15 Palestro, c. Chauvelot, f. Morillons.
20 Pali-Kao, c. blv. Belleville, 74, f. Bisson, 31. — Grande
    victoire des Français sur les Chinois, le 21 sept. 1860.
13 Palmyre, c. Hélène. — Ville de Syrie.
11 Panier-Fleury (cour), c. Charonne, 17.
2 Panoramas, c. Feydeau, 11, f. St-Marc, 9.
2 Panoramas (pass. des), c. St-Marc, 10, f. blv. Montm., 11.
20 Panoyaux, c. blv. Ménilmontant, 130, f. Carrières.
20 Panoyaux (imp. des), c. des Panoyaux, 6.
5 Panthéon (pl. du), c. Soufflot, f. de Clovis.
4 Paon-Blanc (du), c. p. de l'Hôt.-de-Ville, f. de l'Hôt.-de-
    Ville.
20 Papier (pass.), c. Haxo, f. Ch.-Neuf de Ménilm.
20 Papier (pass.), c. Haut-Vignolles, f. B.-Vignolles, 134.
9 Papillon, c. fg. Poissonnière, 60, f. Montholon, 17. — In-

tondant du roi. Né en 1727, m. sur l'échafaud en 1794.

3   **Papin**, c. St-Martin, 205, f. blv. Sébastopol, 98. — Médecin, physicien et mécanicien ; inventa *le digesteur* et la machine à vapeur atmosph., qu'il proposa d'employer à la navigation. Né en 1647, m. en 1701.

10   **Paradis** (de), c. fg S.-Denis, 65, f. fg Poissonnière, 2.

11   **Parchappe** (cité), c. fg St-Ant., 21, f. Roquette.

3   **Parc-Royal**, c. Turenne, 49, f. Elzévir, 16.

    Parcheminerie (de la), c. St-Jacques, 26, f. La Harpe, 45.

    Parme, c. Clichy, 61, f. d'Amsterdam, 80. — Ville d'Italie, anc. cap. du duché de ce nom. Fut réunie à la France en 1802.

15   **Parme** (pass. de), c. Brancion, f. P.-Voie-de-Vanves.

11   **Parmentier** (av.), c. pl. Voltaire, f. St-Ambroise. — Célèbre agronome, dont le plus beau titre de gloire fut de faire cultiver en France la pomme de terre. Né en 1737, m. en 1813.

10   **Parmentier** (av.), c. Corbeau, 15, f. Alibert, 22.

10   **Parmentier** (pass.), c. Parmentier, f. St-Maur, 179.

20   **Partants** (des), c. Amandiers, 54, f. Pelleport.

20   **Partants** (sentier), c. Partants, 40, f. du Ratrait.

4   **Parvis N.-D.** (pl. du), c. d'Arcole, f. Nve-Not.-Dame.

5   **Pascal**, c. Mouffetard, 150, f. Corvisart. — Géomètre, philosophe et écrivain ; auteur des *Provinciales* et des *Pensées* où son véritable génie se manifesta. Né en 1623, m. en 1662.

8   **Pasquier**, c. blv. Malesherbes, f. la Pépinière. — Jurisconsulte érudit, célèbre par son plaidoyer contre les jésuites et par ses *Recherches* sur la France. Né en 1529, m. en 1615.

16   **Passy** (de), c. Raynouard, f. Boulainvilliers.

16   **Passy** (pl. de), c. de Passy, f. du Marché.

16   **Passy** (q. de), c. Beethoven, f. pont de Grenelle.

3   **Pastourel**, c. Gr.-Chantier, 11, f. du Temple, 126.

13   **Patay**, c. pl Jeanne-d'Arc, f. Masséna. — Arr. d'Orléans, théâtre de la victoire de Jeanne d'Arc sur Talbot, qui y fut fait prisonnier en 1429.

5   **Patriarches** (des), c. Daubenton, 56, f. l'Épée-de-B., 5.

16   **Pâtures**, c. de Versailles, f. Hérold.

14   **Paturle**, c. de Vanves, f. Chemin-de-Fer.

2   **Paul-Lelong**, c. Montm., 89, f. de la Banque, 16. — Architecte ; constructeur des bâtiments du Timbre. M. en 1815.

Arr.

16 Pauquet, c. Lauriston, f. av. Joséphine, 39. — Nom d'un
avocat qui a coopéré à l'ouverture de cette rue. M. en 1839.

1 Pauvre-Diable (pass.), c. Cl.-St-Honoré, f. Montesquieu.

16 Pauvres (imp. des), c. Boileau, 70.

4 Pavée-St-Antoine, c. Rivoli, 12, f. Fr.-Bourgeois, 25.

20 Pavillons, c. de Calais, 57, f. Pelleport, 127.

15 Payen, c. Javel, f. imp. Payen. — Fondateur de l'ordre
des Templiers au XIIe s., dont il fut le premier grand-
maître.

15 Payen (imp.), c. q. de Javel, 35, f. Payen.

3 Payenne, c. Fr.-Bourgeois, f. Parc-Royal, 13.

19 Péchoin, c. blv. la Villette, f. Puébla.

15 Péclet, c. Lecourbe, 151, f. Mademoiselle. — Physicien,
un des fondateurs de l'École centrale des Arts-et-Métiers.
Né en 1793, m. en 1857.

4 Pecqual (pass.), c. Blancs-Mant., 36, f. Rambuteau.

2 Peintres (imp. des), c. St-Denis, 218.

11 Pelée (ruelle), c. St-Sabin, 62.

1 Péllean (du), c. J.-J. Rousseau, f. Cr.-des-P.-Champs.

20 Pelleport, c. Bagnolet, 213, f. Belleville. — Général fr.
d'une rare intrépidité. Fut blessé à Leipsick et sous les
murs de Paris. Né en 1773, m. en 1855.

18 Pené (imp.), c. pl. Hébert.

18 Penel (pass.), c. Letort, f. du Ruisseau, 90.

8 Penthièvre (de), c. Cambacérès, f. fg St-Honoré, 126. —
Duc de P., fils du roi Louis XIV.

8 Pepinière (de la), c. de Rome, 12, f. b. Haussmann, 144.

4 Percée-St-Antoine, c. Charlemagne, f. St-Antoine, 92.

14 Perceval, c. Vandamme, f. de l'Ouest, 22.

16 Perchamps, c. La Fontaine, 47, f. d'Auteuil.

16 Perchamps (pl. des), c. Perche, f. Pierre-Guérin.

3 Perche (du), c. V.-du-Temple, 107, f. Charlot, 6.

8 Percier (av.), c. Abbatucci, 38, f. blv. Haussmann, 121. —
Architecte; membre de l'Institut. Né en 1764, m. en 1838.

10 Perdonnet, c. fg. St-Denis, f. Phil.-de-Gérard. — Ingénieur
fr. Né en 1801, m. en 1867.

17 Pereire (blv.), c. Cardinet, f. av. Gr.-Armée. — Émile et
Isaac P., banquiers; nés, le premier en 1800, le second
en 1806; créateurs de grandes sociétés de crédit qui ont
eu un fâcheux retentissement.

16 Pergolèse, c. av. Uhrich, f. av. Gr.-Armée. — Compositeur napolitain, dont le *Stabat* est un chef-d'œuvre de
la musique d'église. Né en 1704, m. en 1737.

Arr.

15 **Périchaux** (imp. des), c. ch. des Périchaux.
15 **Périchaux** (pass.), c. ch.-des-Périch. f. blv. Lefèvre.
7 **Pérignon**, c. av. de Saxe, 50, f. blv. Grenelle. — Membre du conseil municipal de la ville de Paris en 1820, et député. Né en 1780, m. en 1826.
3 **Perle** (de la), c. Thorigny, f. V.-du-Temple, 80.
4 **Pernelle**, c. St Bon, f. blv. Sébast., 4. — Femme de Nicolas Flamel.
14 **Pernety**, c. Constantine, 71. — Bénédictin; fondateur d'une secte à Avignon. Né en 1716, m. en 1801.
15 **Pernety** (imp.), Grenelle, c. Lourmel.
1 **Perrault**, c. Rivoli, 83, f. pl. du Louvre. — Médecin d'abord, puis architecte; s'est immortalisé en fournissant les dessins du nouveau Louvre. Né en 1613, m. en 1688.
14 **Perrel**, c. Constantine, 68, f. Blottière.
7 **Perronet**, c. Sts-Pères, 32, f. Prés-aux-Clercs. — Fondateur de l'école des Ponts-et-Chaussées. Né en 1708, m. en 1794.
18 **Pers** (imp.), c. Ramey.
15 **Potel**, c. Lecourbe, 133, f. Blomet, 112.
10 **Petit**, c. Meaux, f. blv. Sérurier. — Célèbre chirurgien et anatomiste; membre de l'Institut. Né en 1674, m. en 1750.
20 **Petit** (pass.), c. Tlemcen, f. des Cendriers, 22.
12 **Petit-Bercy** (av. du), c. Laroche, f. de Bercy, 49.
2 **Petit-Carreau** (du), c. St-Sauveur, f. Cléry, 46.
10 **Petit-Cerf** (pass.), c. av. de Clichy, 116, f. Boulay, 17.
13 **Petit-Champ**, c. Corvisart, f. de la Glacière, 31.
4 **Petit-Musc**, c. q. Célestins, f. St-Antoine, 212.
13 **Petit-Pavillon** (ruelle, c. Moul.-de-Pr., 74, f. champs.
5 **Petit-Pont** (pl. du), c. q. St-Michel, f. Petit-Pont.
4 **Petit-Pont-de-l'Hôtel-Dieu**, c. Cité, f. q. St-Michel.
5 **Petit-Pont** (du), c. Bucherie, 43, f. St-Séverin.
6 **Petite-Boucherie** (pl. de la), c. Abbaye, f. pl. Gozelin.
14 **Pet.-Cité-S.-Fr.-d'Assise**, c. cité d'Odessa.
3 **Petite-Corderie** (de la), f. du Petit-Thouard, 6.
19 **Petite-Rue-Curial**, c. Curial, 20, f. Aubervilliers.
20 **Petite-Rue-du-Ch.-de-Fer**, c. Grand-Montreuil.
18 **Petite-Rue-du-Moulin**, c. Ravignan, f. Lepic.
13 **Petite-Rue-du-Pot-au-Lait**, c. de la Glacière, 51.
13 **Petite-Rue-Ste-Anne**, c. Glacière, 44, f. la Santé.
1 **Petite-Truanderie**, c. Mondétour, f. Gde-Truanderie.
15 **Petitee-Voie-de-Vanves**, c. Vouillé, f. blv. Lefèvre.
10 **Petits-Ecuries**, c. fg St-Denis, 71, f. fg. Poissonn., 44.
15 **Petites-Ecuries** (cité), c. Croix-Nivert, 61.

Arr.

16 Petites-Ecuries (cour), c. pass. Pet.-Ecur., f. Pet.-Ecur. 15.
10 Petites-Ecuries (pass.), c. fg St-Denis, 63, f. d'Enghien, 20.
10 Petits-Hôtels, c. blv. Magenta, 87, f. Lafayette, 110.
 2 Petits-Pères, c. de la Banque, f. Vide-Gousset.
 2 Petits-Pères (pass.), c. de la Banque, 2, f. pl. même nom.
 2 Petits-Pères (pl.), c. Petits-Pères, f. Eglise.
19 Petouin (imp.), c. des Bois, 26.
16 Pétrarque, c. Scheffer, f. Réservoirs. — Célèbre poëte
     italien. Son amour pour la belle Laure lui inspira ses
     sonnets et ses *canzone*, si remarquables par la délicatesse
     du sentiment. Né en 1304, m. en 1374.
 9 Petrelle, c. fg Poissonn., f. Rochechouart, 60.
16 Peupliers (av. des), c. Poussin, f. blv. Montmorency.
 3 Phélipeaux, c. du Temple, 103, f. Volta, 21. — Ancienne
     famille de robe, qui a donné à la France des ministres et
     des secrétaires d'Etat.
10 Philippe (cité), c. de Meaux, 78, f. en impasse.
11 Philippe-Auguste (av.), c. pl. du Trône, f. blv. Charonne.
     — Roi de France de 1180 à 1223, succ. de Louis VII.
13 Philippe-de-Champagne, c. blv. de l'Hôpital, f. av. des
     Gobelins. — Célèbre peintre; élève de N. Poussin. Né en
     1603, m. en 1674.
10 Philippe-de-Girard, c. Lafayette, 191, f. La Chapelle, 76.
     — Savant ingénieur; inventeur de la machine à filer le
     lin. Né en 1775, m. en 1845.
20 Plat, c. Vilin, 53, f. Belleville. — Général fr. Né en 1774,
     m. en 1802.
20 Plat (prolongée), c. Enviorges, f. pass. d'Isly.
13 Picard, c. q. de la Gare, 52, f. Chevaleret, 19.
 3 Picardie, c. Bretagne, f. Forez. — Anc. prov., qui forme
     auj. 5 dép.
16 Piccini, av. Uhrich, f. av. Malakoff. — Grand composi-
     teur italien, rival de Gluck. Né en 1728, m. en 1800.
16 Picot, c. av. Bugeaud, f. av. Uhrich. — Peintre fr.; memb.
     de l'Institut. Né en 1786, m. en 1868.
12 Picpus, c. fg St-Antoine, 266, f. blv. Poniatowski.
12 Picpus (blv. de), c. de Picpus, f. cour de Vincennes.
12 Picpus (ruelle), c. de Picpus, 21, f. pl. du Trône.
20 Pie (sentier de la), c. Bagnolet, 171, f. ruelle Chanuts.
18 Piémontesi (pass.), c. Houdon, 16, f. pl. Ely.-B.-Arts, 8.
16 Pierre-Assis, c. av. Gobelins, f. St-Hippolyte, 1.
16 Pierre Guérin, c. d'Auteuil, f. de la Source.
 4 Pierre-au-Lard, c. Nve-St-Merri, f. Brisemiche.

Arr.

4 **Pierre-Lescot**, c. des Innocents, f. Rambuteau, 85. — Restaurateur de l'architect. en France; éleva la façade du vieux Louvre et la fontaine des Innocents. Né en 1510, m. en 1571.

11 **Pierre-Levée**, c. Trois-Bornes, 5, f. Font-au-Roi, 14.

18 **Pierre-Picard**, c. Clignancourt, 13, f. pl. St-Pierre.

6 **Pierre-Sarrazin**, c. blv. St-Michel, 24, f. Hautefeuille. — Poète fr. Né en 1603, m. en 1651.

9 **Pigalle**, c. Blanche, 18, f. pl. Pigalle. — Célèbre statuaire, dit le *Phidias français*. Né en 1714, m. en 1785.

18 **Pigalle** (cité), c. Germain-Pilon, 23.

9 **Pigalle** (imp.), c. Pigalle, 43.

9 **Pigalle** (pl.), c. Pigalle, 77, f. blv. de Clichy, 15.

13 **Pinel**, c. blv. de l'Hôpital, 137, f. Campo-Formio. — Aliéniste d'un grand mérite; membre de l'Institut. Né en 1745, m. 1826.

13 **Pinel** (pl.), c. blv. de la Gare, f. Esquirol.

1 **Pirouette**, c. Rambuteau, 100, f. Mondétour.

5 **Pitié** (de la), c. Daubenton, 18, f. Puits-de-l'Erm.

11 **Piver** (pass.), c. fg. du Temple, 02, f. de l'Orillon, 17.

19 **Place** (de la), c. des Fêtes, 18, f. Compans, 31.

20 **Plaine** (de la), c. des Maraîchers.

12 **Planchette** (de la), c. blv. Bercy, 51, f. Libert.

3 **Planchette** (imp. de la), c. St-Martin, 326.

12 **Planchette** (ruelle de la), c. Charenton, 210, f. Charolais.

20 **Plantin** (pass.), c. pass. d'Isly, 21. — Célèbre imprimeur. Né en 1514, m. 1589.

1 **Plat-d'Etain**, c. Lavandières, 33, f. Déchargeurs.

19 **Plateau** (du), c. Fessart, f. Alouettes.

4 **Plâtre-au-Marais**, c. Homme-Armé, f. du Temple, 32.

11 **Plichon** (cité), c. Chemin-Vert, 131.

14 **Pliez** (cité), c. blv. Brune, f. du Ch.-de-Fer.

15 **Plumet** (imp.), c. de la Procession, 19.

14 **Poinsot**, c. Nve-du-Maine, f. blv. Montrouge, 67. — Mathématicien; ses travaux se distinguent par l'élégance et la lucidité. Né en 1777, m. en 1959.

3 **Pointe-d'Ivry** (pass.), c. route d'Ivry, 14, f. route de Choisy, 124.

1 **Pointe-St-Eustache** (pl.), c. Montm., f. Rambuteau.

18 **Poirier** (du), c. Gabrielle, 13, f. Ravignan.

18 **Poiriers** (des), c. de la Chapelle, 105.

9 **Poiriers** (des), c. Richer, f. des Progrès.

17 **Poisson**, c. av. Gr.-Armée, f. St-Ferdinand. — Mathéma-

Arr.

tioien; membre de l'Institut et pair de France. Né en 1781, m. en 1840.

4 Poissonnerie (imp. de la), c. de Jarente, 4.

2 Poissonnière, c. Cléry, 33, f. blv. B.-Nouvelle, 30.

2 Poissonnière (blv.), c. Poissonnière, 37, f. fg. Montm.

18 Poissonniers, c. blv. Ornano, 22, f. blv. Ney.

18 Poissonniers (imp.), c. des Poissonniers, 97.

5 Poissy, c. q. la Tournelle, f. St-Victor, 78. — Arr. de Versailles, célèbre par la confér. tenue dans cette ville, en 1561, entre les catholiques et protestants, et les troubles qui s'ensuivirent.

6 Poitevins, c. Hautefeuille, 8, f. Serpente, 28.

7 Poitiers, c. q. d'Orsay, f. de l'Université, 66. — Diane de P., maîtresse en titre de Henri II. Née en 1499, m. en 1566.

3 Poitou, c. V.-du-Temple, 125, f. Charlot. — Anc. prov. formant auj. 3 dép.

5 Poliveau, c. blv. de l'Hôpital, 40, f. Geoff.-St-Hillaire, 16.

18 Polonceau, Jessaint, 32, f. Poissonniers, 8. — Ingénieur; constructeur du pont de fer du Carrousel; introduisit en France les routes à la Mac-Adam. Né en 1778, m. en 1847.

18 Pompe (de la), c. du Ruisseau, 22, f. les champs.

16 Pompe (de la), c. de Passy, f. av. Uhrich.

2 Ponceau, c. Palestro, 33, f. St-Denis, 324.

2 Ponceau (pass.), c. blv. Sébastopol, 110, f. St-Denis, 358.

17 Poncelet, c. av. des Ternes, f. av. Wagram. — Géomètre, général du génie, professeur au collège de France. Né en 1788, m. en 1867.

12 Poniatowski (blv.), c. porte de Bercy, f. p. de Picpus. — Neveu du dernier roi de Pologne; passa au service de la France, fut nommé maréchal de l'Empire à Leipsick, et se noya deux jours après, dans l'Elster. Né en 1763, m. en 1813.

3 Pont-aux-Choux, c. blv. Beaumarch., 113, f. Turenne, 86.

15 Pont-de-Grenelle (pl.), c. q. de Grenelle, f. q. Javel.

8 Ponthieu, c. av. Matignon, f. Berry, 10. — Pays et comté de la Picardie, cap. Abbeville.

6 Pont-de-Lodi, c. Gr.-Augustins, 8, f. Dauphine, 17. — En mémoire du combat livré aux Autrichiens, en 1796, dans le village de Lodi, dont le pont fut le principal théâtre de l'action.

4 Pont-Louis-Philippe, c. q. H.-de-Ville, f. Fr.-Miron, 20.

1 Pont-Neuf, c. le Pont-Neuf, f. Rambuteau.

Arr.

6 Pont-Neuf (pass.), c. Mazarine, 44, f. de Seine, 45.
1 Pont-Neuf (pl.), c. sur le Pont-Neuf.
1 Pont-Neuf (pont), c. q. Mégisserie, f. q. Gr.-Augustins.
5 Pontoise, c. q. de la Tourn., 41, f. St-Victor, 90.
11 Popincourt, c. Roquette, 79, f. blv Voltaire, 90. — Premier président du parlement de Paris de 1403 à 1413, sous Charles VI.
11 Popincourt (cité), c. Fol.-Méricourt, 18.
11 Popincourt (pass.), c. F.-Méricourt, 28, f. Nve-Popincourt, 17.
2 Port-Mahon, c. N.-St-Augustin, f. Quatre-Sept., 31. — Cap. de l'île de Minorque, en souvenir de la prise de cette ville par le maréchal Richelieu en 1756.
5 Port-Royal (blv.), c. Lourcine, f. carr. de l'Observ.
17 Port-St-Ouen, c. av. Clichy, 90, f. blv. Bessières.
2 Portalis, c. Beauregard, 0, f. blv. B.-Nouvelle, 27.
8 Portalis, c. Bienfaisance, f. Madrid. — Grand jurisconsulte, ministre des cultes et de l'intérieur sous l'Empire. Né en 1746, m. en 1807.
8 Portalis (av.). c. blv. Malesherbes, f. Bienfaisance.
20 Porte-des-Vaches (sentier de la), c. C.-N.-de-Ménilm.
3 Portefoin, c. Enfants-Rouges, 15, f. Temple, 148.
18 Portes-Blanches. c. des Poissonn., 71, f. Mont-Cenis.
16 Possoz (pl.), c. Guichard, f. Ste-Claire.
5 Postes (pass. des), c. Lhomond, f. Mouffetard, 101.
5 Pot-de-fer-St-Marcel, c. Mouffet., 60, f. Lhomond.
13 Pot-au-lait, c. Glacière, 43, f. F.-à-Mulard.
18 Poteau (du), c. Mont-Cenis, f. blv. Ney.
1 Poterie-des-Halles, c. Lingerie, 15, f. Bourdonnais.
1 Potier (pass.), c. Montpensier, 23, f. Richelieu, 26.
17 Pouillet, c. Lebouteux, f. Legendre. — Physicien fr., membre de l'Institut. Auteur de plusieurs ouvrages classiques. Né en 1791.
20 Poul (imp.), c. imp. de l'Industrie.
18 Poulet, c. des Poissonniers, 33, f. Ramey.
4 Pouilletier, c. q. de Béthune, 24, f. q. d'Anjou, 19.
16 Poussin, c. blv. de Montmar., f. La Fontaine. — L'un des plus célèbres peintres fr. Né en 1594, m. en 1665.
10 Pradier, c. Réberval, 61, f. Fessard. — Habile sculpteur. On lui doit les villes de *Lille* et de *Strasbourg* sur la place de Concorde. Né en 1792, m. en 1852.
7 Pré-aux-Clercs, c. de l'Université, 9, f. Perronet, 15.
1 Prêcheurs (des), c. St-Denis, 131, f. Legrand.

Arr.

10 Préclin, c. Péchouin, 12, f. Pierre-Lescot.
18 Pré-Maudit, c. de la Chapelle, 170.
8 Presbourg, c. av. Ch.-Elysées, f. av. Gr.-Armée. — Ville de Hongrie ; un traité célèbre y fut signé, qui donna à la France le roy. de Venise.
20 Pressoir (du), c. Moronites, 10, f. des Couronnes, 22.
1 Prêtres-St-Germ.-l'Auxerr., c. pl. Tr.-Maries, f. pl. Louvre.
5 Prêtres-St-Séverin, c. St-Séverin, 11, f. Parcheminerie.
13 Prévost (pass.), c. la Glacière, 4, f. de la Santé.
13 Prévost (imp.), c. blv. d'Italie, 143.
13 Primatice, c. Rubens, f. Coypel. — Peintre et architecte bolonais ; embellit le château de Fontainebleau de ses peintures. Né en 1490, m. en 1570.
17 Prince-Jérôme (av.), c. pl. de l'Etoile, f. pl. Courcelles. — Frère de Napoléon Ier ; roi de Westphalie de 1807 à 1813. Né en 1784, m. en 1860.
2 Princes (pass. des), c. Richelieu, 97, f. blv. des Italiens, 7.
6 Princesse, c. du Four, 21, f. Guisarde, 8.
14 Procession (de la), c. Vaugirard, 215, f. Vanves, 88.
14 Procession (de la), c. de la Procession, 85.
15 Procession (cité de la), c. Fourneaux, f. passage.
15 Procession (pass. de la), c. de Vanves, 91.
20 Progrès (des), c. Robineau, f. Poiriers.
20 Progrès (imp. du), c. ch. Neuf de Ménilmontant.
17 Prony, c. blv. Courcelles, 51, f. blv. Neuilly. — Ingénieur et mathématicien ; membre de l'Institut. Né en 1755, m. en 1830.
1 Prouies (gal. des), c. Palais-Royal, f. pér. de Valois.
1 Prouvaires (des), c. St-Honoré, 51, f. Berger, 23.
1 Provenceaux (imp. des), c. de l'Arbre-Sec, 10.
9 Provence (de), c. fg Montm. 35, f. b. Haussm. 76. — Duc de P. frère de Louis XVI ; devint roi de France sous le nom de Louis XVIII.
16 Prudhon (av.), c. av. Raphaël, f. ch. de la Muette. — Grand peintre ; membre de l'Institut. Né en 1760, m. en 1823.
20 Pruniers (des), c. imp. de l'Asile.
10 Puébla (de), c. b. de la Villette, 200. — Ville de Mexique, prise par les Français en 1863.
10 Puébla (pass.), c. de Puebla, f. Chaufourniers.
20 Puébla (pl. de), c. Sorbier, f. de Puébla.
18 Puget, c. Leple, f. Coustou. — Statuaire. Se distingua

aussi comme peintre et comme architecte. Né en 1622, m. en 1694.

18 **Puits** (imp. du), c. Rébeval, 9, f. en impasse.
14 **Puits**, c. Lebouis, f. Lauzun, 5.
5 **Puits-de-l'Ermite** (pl.), c. même nom, f. prison Ste-Pél.
5 **Puits-de-l'Ermite**, c. du Battoir, f. Gracieuse.
8 **Puteaux** (pass.), c. Pasquier, f. de l'Arcade, 31.
4 **Putigneux** (imp.), c. Geoffroy-Lasnier, 15.
1 **Pyramides** (des), c. pl. de Rivoli, f. St-Honoré, 187. — Célèbre bataille gagnée par les Français sur les Mamelucks en 1798.

Q

12 **Quatre-Bornes** (imp. des), c. Montéra.
12 **Quatre-Chemins** (des), c. Reuilly, 81, f. blv. Reuilly.
3 **Quatre-Fils**, c. V.-du-Temple, 87, f. Gr.-Chantier.
2 **Quatre-Septembre**, c. Vivienne, f. pl. de l'Opéra. — Chute du second Empire après la capitulation de Sedan (1870), et proclamation de la République.
6 **Quatre-Vents**, c. de Condé, f. de Seine, 95.
3 **Quatre-Voleurs** (pass. des), c. Vert-Bois, 51, f. N.-D.-de-Nazar.
9 **Quesnay**, c. Rochechouart. — Chef de la secte des *économistes*, et savant chirurgien. Né en 1694, m. en 1774.
15 **Quinault**, c. pourt. Théâtre, f. Mademoiselle, 44. — Poëte dram., créateur du drame lyrique fr. Né en 1635, m. en 1688.
3 **Quincampoix**, c. Lombards, 18, f. Aux Ours, 17.
12 **Quinze-Vingts** (pass.), c. av. Daumesnil, f. Moreau, 45.

R

8 **Rabelais**, c. Matignon, f. Montaigne, 28. — Auteur satirique plein d'originalité, d'esprit et de verve. Né en 1483, m. en 1553.
6 **Racine**, c. blv. St-Michel, 28, f. pl. de l'Odéon. — Le plus grand poëte pour la beauté des images, la noblesse des sentiments, la pureté et l'harmonie du style. Né en 1639, m. en 1699.
1 **Radziwill**, c. Baillif, 8, f. N.-des-P.-Ch. 1. — En l'honneur du prince Charles R., palatin de Vilna. Né en 1734, m. en 1790.

Arr.

1 **Radziwill** (pass.), c. Valois, 48, f. Radziwill, 35.

16 **Raffet**, c. de la Source, f. de la Cure. — Peintre et dessinateur distingué. Né en 1804, m. en 1860.

12 **Raguinet** (pass.), c. Châlons, 11 f. Daumesnil, 40.

12 **Rambouillet**, c. Bercy, f. Charenton, 102.

12 **Rambouillet** (pl. de), c. Rambouillet, f. Chaligny, 162.

1 **Rambuteau**, c. du Chaume, 11 f. du Jour. — Préfet de la Seine de 1833 à 1848; membre de l'Institut. Né en 1782, m. en 1869.

2 **Rameau**, c. Richelieu, 69, f. Ste-Anne, 58. — Célèbre compositeur fr.; auteur de *Castor et Pollux*, Pygmalion, etc. Né en 1683, m. en 1764.

18 **Ramey**, c. Muller, f. du Manoir. — Statuaire. Ses principales œuvres sont : *Napoléon en costume impérial*, Sapho assise, etc. Né en 1754, m. en 1838.

11 **Rampon**, c. blv. Voltaire, f. Fol.-Méricourt, 81. — Un des plus braves généraux de l'Empire; se distingua surtout à Montenotte. Né en 1759, m. en 1842.

20 **Ramponeau**, c. blv. de Belleville, 108, f. Tourtille.

16 **Ranelagh** (du), c. q. de Passy, 31, f. Pajou, 47.

12 **Raoul**, c. ch. de Reuilly, 9, f. av. Daumesnil.

11 **Raoul**, (pass.), c. Popincourt, 31, f. Boule.

12 **Rapée** (q. de la), c. blv. de Bercy, f. Lacuée.

16 **Raphaël** (av.), c. av. Ingres, f. blv. de la Muette. — Le plus grand peintre de toutes les écoles modernes, dont le pinceau n'a produit que des chefs-d'œuvre. Né en 1483, m. en 1520.

7 **Rapp** (av.) c. q. d'Orsay, f. av. Labourd. — Général fr.; défendit vaillamment Dantzick, en 1813. Né en 1772, m. en 1821.

5 **Rataud**, c. des Feuillant., 78, f. pass. des Vignes.

10 **Ratrait** (du), c. de Ménilm. 114, f. des Champs, 74.

10 **Rats** (des), c. blv. Charonne, 204, f. St-André, 7.

18 **Ravignan**, c. des Abbesses, f. Norvins. — Jésuite; célèbre prédicateur. Né en 1793, m. en 1858.

13 **Raymond** (pass.), c. av. d'Italie, 125, f. pass. Gandon.

16 **Raynouard**, c. Beethoven, f. Boulainvilliers. — Poëte dram.; s'illustra par sa tragédie des *Templiers*. Rédigea en 1813, la fameuse adresse sur l'état de la France. Né en 1761, m. en 1836.

1 **Réale** (de la), c. Rambuteau, f. Turbigo.

2 **Réaumur**, c. du Temple, 163, f. St-Denis, 308. — Physi-

Arr.

cien naturaliste, inventeur du thermomètre qui porte son nom. Né en 1683, m. en 1755.

19 Rébeval, c. blv. la Villette, 42, f. de Belleville.

19 Rébeval (imp.), c. Rébeval, f. Puébla.

10 Récollets (des), c. q. Valmy, 195, fg St-Martin, 158.

13 Reculettes (ruelle), c. Gentilly, 32, f. Coulebarbe, 45.

6 Regard (du), c. Cherche-Midi, 37, f. de Rennes, 116.

6 Régis, c. Missions, f. Bérite. — Grand savant, professa la philosophie de Descartes à Paris. Né en 1632, m. 1707.

20 Réglisses (des), c. blv. Davoust, f. cour St-Simon.

6 Regnard, c. pl. de l'Odéon, 6, f. Condé, 25. — Poëte comique fr. Ses chefs-d'œuvre sont : le Joueur et les Ménechmes. Né en 1647, m. en 1709.

13 Regnault, c. Ch.-de-F.-d'Orléans, f. Patay. — Administrateur fr. Né en 1765, m. en 1819.

15 Régnier, c. Dutot, f. Plumet. — Excellente poëte satirique, imita les auteurs de l'antiquité. Né en 1573, m. en 1613.

14 Reille (av.), c. la Glacière, f. porte d'Orléans. — Maréchal de France; se distingua dans toutes les grandes guerres du premier Empire, et surtout à Waterloo. Né en 1775, m. en 1860.

5 Reims, c. Sept-Voies, 10, f. Chartière, 17.

8 Reine (cours la), c. pl. de la Concorde. f. pl. de l'Alma.

13 Reine-Blanche, c. Le-Brun, f. av. des Gobelins. — Epouse de Louis VIII, mère de St Louis.

1 Reine-de-Hongrie (pl. de la), c. Montm., 16, f. Montorgueil, 17.

8 Reine-Hortense (av.), c. pl. l'Etoile, f. Courcelles, 71. — Epouse de Louis Bonaparte, roi de Hollande; née en 1783, m. en 1837.

8 Rembrandt, c. Courcelles, 50, f. parc Monceaux. — Peintre hollandais d'une rare habileté pour le coloris et le clair-obscur. Né en 1606, m. en 1668.

20 Remparts (des), c. blv. Davoust, f. V.-R.-Montreuil, 40.

19 Renard (pass. du), c. de Belleville, f. Rébeval, 46.

2 Renard (pass. du), c. St-Denis, 257, f. Grenéta, 32.

4 Renard-St-Merri (du), c. Rivoli, 72, f. Nve-St-Merri, 13.

14 Renaud (cité), c. de Vanves, f. Voie-Ferrée.

12 Rendez-vous (du), av. St-Mandé, f. blv. Picpus, 98.

17 Rennequin, c. av. Wagram, f. Louvain, 22. — Fabriqua la célèbre machine de Marly. Né en 1744, m. en 1708.

6 Rennes (de), c. pl. St.-Germ.-des-Prés, f. blv. Montparnasse, 61.

Arr.

16 Réservoirs (des), c. pl. du Roi-de-Rome, f. Pétrarque.
5 Restaut, c. pl. Gerson, 5, f. des Cordiers, 8. — Grammai-
    rien fr. Né en 1696, m. en 1764.
8 Retiro (cité du), c. fg St-Honoré, f. Boissy-d'Anglas, 35.
12 Reuilly, c. fg St-Antoine, 202, f. Daumesnil.
12 Reuilly (b. de), c. Charenton, 243, f. de Picpus.
12 Reuilly (carref.), c. fg St-Ant., 202, f. de Reuilly, 2.
12 Reuilly (cité de), c. de Reuilly, 119.
20 Réunion (de la), c. Bagnolet, 58, f. Gr.-R.-de-Montreuil.
16 Réunion (imp. de la), c. Jouvenet, 1.
3 Réunion (pass.), c. St-Martin, 176, f. imp. Beaubourg.
20 Réunion (pl.), c. H.-Vignoles, f. la Réunion, 75.
16 Réunion (villa), c. route Versailles, f. Jouvenet.
17 Révolte (route de la), c. porte de Sablonville.
19 Rhin (du), c. Meaux, 91, f. Meinadier.
15 Ribera, c. La Fontaine, f. Dangeau. — Peintre célèbre. Né
    en 1589, m. en 1652.
15 Ribet (imp.), c. Croix-Nivert, 29.
20 Riblette, c. St-Blaise, 18, f. de Vincennes, 10.
9 Ribouté, c. Bleue, 11, f. Lafayette, 82. — Auteur drama-
    tique. Né en 1770, m. en 1834.
11 Richard-Lenoir, c. Charonne, 21, f. blv. Voltaire, 132.
11 Richard-Lenoir (blv.), c. pl. de la Bastille, f. Rampon. —
    Célèbre industriel ; créa le tissage de coton. Né en 1765,
    m. en 1830.
1 Richelieu, c. St-Honoré, 218, f. blv. Montm., 11. — Cé-
    lèbre ministre de Louis XIII ; rendit à la France la su-
    prématie politique, fit fleurir les lettres et fonda l'Aca-
    démie. Né en 1585, m. en 1642.
1 Richepance, c. St-Honoré, 404, f. Duphot, 23. — Général
    distingué de la République ; décida la victoire de Hohen-
    linden. Né en 1770, m. en 1807.
9 Richer, c. fg Poissonnière, 43, f. fg Montm., 11. — Echevin
    de Paris de 1780 à 1781.
9 Richer (gal.), c. Geoff.-Marie, 11, f. Richer.
20 Richer, c. des Partants, f. des Poiriers.
10 Richerand (av.), c. q. Jemmapes, 116, f. Bichat. — Chi-
    rurgien en chef de l'hôpital St-Louis et professeur à l'é-
    cole. Né en 1779, m. en 1840.
18 Richomme, c. des Gardes, 13, f. Polonceau, 30. — Graveur
    distingué ; membre de l'Institut. Né en 1785, m. en 1849.
16 Rigaud, c. Longchamp, f. av. Roi-de-Rome. — Bon peintr
    de portraits. Né en 1659, m. en 1743.

Arr.

20 **Rigoles (des)**, c. Belleville, f. de Calais, 68.
20 **Rigoles (cité des)**, c. des Rigoles, 49.
8 **Rigny**, c. blv. Malesherbes, 51, f. Roy, 6. — Vice-amiral; commanda l'escadre fr. à Navarin. Ministre sous Louis-Philippe. Né en 1783, m. en 1835.
14 **Rimbault (pass.)**, c. av. d'Orléans, 74, f. Ch.-du-Maine, 131.
18 **Riquet**, c. q. de la Seine, 67, f. la Chapelle, 78. — Célèbre ingénieur, qui construisit le canal du Midi. Né en 1604, m. en 1680.
10 **Riverin (cité)**, c. Bondy, 74, f. Château-d'Eau, 39.
10 **Rivière (ruelle)**, c. Panoyaux, f. des Cendriers, 25.
1 **Rivoli**, c. Sévigné, 1, f. St-Florentin, 2. — Ville d'Italie; en mémoire de la grande victoire des Français sur les Autrichiens en 1797.
1 **Rivoli (pl. de)**, c. de Rivoli, 194.
20 **Rivoli (cité de)**, c. Julien-Lacroix, 65, f. Pyramides, 1.
20 **Rivoli (imp. de)**, c. Julien-Lacroix, 48.
18 **Robert (imp.)**, Montm., c. du Poteau, 39.
14 **Robine**, c. Ch.-d'Arcueil, f. les champs.
20 **Robineau**, c. Désirée, f. des Oiseaux.
20 **Robinson**, c. du Japon, f. de la Chine.
9 **Rochambeau**, c. Boudin, f. Mayran. — Se distingua dans les guerres d'Amérique et fut nommé maréchal par Louis XVI en 1791. Né en 1725, m. en 1807.
9 **Rochechouart**, c. Lamartine, f. blv. Rochech., 19. — Abbesse de Montmartre, m. en 1727.
9 **Rochechouart (blv.)**, c. blv. Magenta, 157, f. des Martyrs.
8 **Rocher (du)** c. de Rome, f. blv. de Courcelles.
10 **Rocroy**, c. d'Abbeville, f. blv. Magenta, 122. — Dép. des Ardennes; célèbre par la grande victoire de Condé sur les Espagnols en 1643.
9 **Rodier**, c. Tour-d'Auvergne, 24, f. av. Trudaine. — Avocat au parlement de Toulouse et auteur estimé. Né en 1701.
14 **Roger**, c. Ch.-d'Asile, 35, f. Daguerre, 60. — Littér. fr.; membre de l'Ac. fr. Ses œuvres les plus connues sont: l'Avocat et la Revanche. Né en 1776, m. en 1842.
1 **Rohan**, c. Rivoli, 174, f. St-Honoré, 157. — Cardinal et grand aumônier; se rendit fameux par son rôle de dupe dans l'affaire du collier, qui le fit mettre à la Bastille. Né en 1734, m. en 1803.
6 **Rohan (cour de)**, c. Jardinet, 15, f. cour du Comm.
18 **Roi-d'Alger**, c. Mont-Cenis, f. Clignancourt.
3 **Roi-Doré (du)**, c. Turenne, 77, f. Thorigny, 22.

Arr.

16 Roi-de-Rome (av.), c. pl. même nom. f. pl. de l'Etoile. — Titre porté par le fils de Napoléon Ier. Né en 1811, m. en 1832.
16 Roi-de-Rome (pl.), c. pont d'Iéna, f. av. de l'Emper.
4 Roi-de-Sicile, c. Malher, f. Bourtibourg.
5 Rollin, c. Lacépède, 10, f. Card.-Lemoine. — Professeur d'éloquence, recteur de l'Université, auteur de plusieurs ouvrages d'histoire. Né en 1661, m. en 1741.
19 Romainville (de), c. de Belleville.
8 Rome, c. blv. Haussmann, f. des Vertus. — Capit. d'Italie, assiégée et prise par le gén. Oudinot en 1848.
3 Rome (cour de), c. des Gravilliers, 24.
15 Rome (cour de), c. Sèvres, 163, f. Cardinet.
20 Ronce (imp.), c. des Amandiers, 21.
20 Ronce (pass.), Julien-Lacroix, 16, f. pass. d'Isly.
15 Rond-Point-des-Fourneaux, c. Alleray, f. Process. 69.
20 Rondeaux, c. Partants, f. les champs.
12 Rondelet, c. Erard, 25, f. blv. Mazas. — Architecte, élève de Soufflot, membre de l'Institut. Né en 1743, m. en 1820.
20 Rondonneaux (sentier des), c. Puébla.
8 Roquépine, c. Cambacérès, f. blv. Malesherbes.
11 Roquette (de la), c. pl. Bastille, 12, f. Ménilm. 22.
11 Roquette (av. de la) c. Charonne, 81, f. Roquette, 128.
18 Roses (des), c. La Chapelle, 120, f. pl. Hébert.
15 Rosière (de la), c. Entrepreneurs, 68, f. Javel, 119.
4 Rosiers (des), c. Malher, 11, f. V.-du-Temple, 42.
20 Rosiers (ruelle), c. Panoyaux, 36, f. Cendriers, 31.
9 Rossini, c. Gr.-Batelière, 19, f. Laffite, 30. — Le plus célèbre compositeur contemporain, auteur du *Barbier de Séville*, de *Guillaume Tell* et de beaucoup d'autres chefs-d'œuvre. Cessa de produire à l'âge de 37 ans. Né en 1792, m. en 1868.
3 Rot.-du-Temple (pl.), c. Forez, 10, f. Petite-Corderie.
6 Rotrou, c. pl. de l'Odéon, f. Vaugirard, 22 bis. — Poëte dram.; s'illustra plus par ses vertus que par ses talents. Né en 1609, m. en 1650.
11 Rotté (imp.), c. Popincourt, 31.
12 Rottembourg, c. Michel-Bizot, f. blv. Soult. — Général fr.; fit avec distinction les campagnes de la Rép. et de l'Empire. Né en 1769, m. en 1857.
10 Roubaix (pl.), c. St-Quentin, 40, f. Compiègne.
11 Roubo, c. fg St-Ant. 261, f. Montreuil, 42. — Menuisier-mécanicien du XVIIIe s.

Arr.

15 **Rouelle**, c. Lourmel, f. q. de Grenelle, 37. — Chimiste distingué. Né en 1703, m. en 1770.

16 **Rouen**, c. Flandre, 51, f. q. de Seine, 56. — Ch.-lieu du dép. de la Seine-Inf. Jeanne d'Arc y fut brûlée en 1431.

11 **Rouge** (pass.), c. fg St-Antoine, 215, f. Montreuil, 28.

9 **Rougemont**, c. blv. Poissonnière, 18, f. Borgère, 13. — R che banquier à Paris ; m. en 1839.

1 **Roule** (du), c. Rivoli, 138, f. St-Honoré, 77.

17 **Roussel**, c. Cardinet, f. Guyot. — Médecin philosophe ; auteur de l'ouvrage le *Système physique et moral de la femme*. Né en 1747, m. en 1802.

7 **Rousselet**, c. Oudinot, 17, f. Sèvres, 70. — Graveur très-habile. Né en 1611, m. en 1686.

15 **Roussin**, c. Croix-Nivert, 39, f. Blomet. — Amiral, deux fois ministre sous Louis-Philippe. Né en 1787, m. en 1854.

20 **Routy-Philippe** (imp.), c. des Partants.

19 **Rouvet**, c. Flandre, 160, f. q. de la Gironde. — Industriel, inventa en 1549 le flottage du bois à bûches perdues.

17 **Roux** (imp.), *Ternes*, c. Rennequin, 19.

8 **Rovigo**, c. blv. Malesherbes, 67, f. av. Messine. — Général de l'Empire, très-dévoué à Napoléon. Né en 1774, m. en 1833.

8 **Roy**, c. Abbatucci, f. Delaborde. — Avocat, ministre des finances sous la Restauration. Né en 1765, m. en 1847.

1 **Royal** (pont), c. q. Tuileries, f. q. d'Orsay.

8 **Royale-St-Honoré**, c. pl. de la Concorde, f. pl. Madeleine.

6 **Royer-Collard**, c. St-Jacques, 204, f. blv. St-Michel, 71. — Ecrivain éloquent et profond ; prof. de philosophie en 1811, et député sous la Restauration. Né en 1763, m. en 1846.

5 **Royer Collard** (imp.), c. Gay-Lussac, 15.

12 **Rubens**, c. du Banquier, 31, f. blv. de l'Hôpital. — Un des plus grands peintres de l'école flamande et de toutes les écoles. Né en 1577, m. en 1640.

16 **Rude**, c. av. Gr.-Armée, f. av. Uhrich. — Sculpteur ; auteur de la statue du maréchal Ney et du *Départ de 1792* sur l'Arc-de-Triomphe. Né en 1795, m. en 1855.

8 **Ruffin** (imp.), c. av. Montaigne, 79, f. Marignan.

18 **Ruisseau**, c. Marcadet, 132, f. de la Glacière.

2 **Ruty**, c. av. du Bel-Air, f. cours Vincennes.

8 **Ruysdaël** (av.), c. de Monceau. — Peintre hollandais ; excella dans les paysages et les marines. Né en 1636, m. en 1681.

S

Arr.

14 **Sablière (de la)**, c. ch. des Plantes, f. Torr.-aux-Lap., 27.
— Poëte agréable, auteur de madrigaux écrits avec beaucoup de finesse. Né en 1615, m. en 1680.
12 **Sablière (pass.)**, c. Ville de Fécamp, f. ch. de Reuilly, 22.
16 **Sablons (des)**, c. pl. Possoz, f. St-Didier.
16 **Sabot (du)**, c. Bern.-Palissy, 11, f. du Four.
16 **Saïd (villa)**, c av. Uhrich, f. blv. Lannes. — Nom arabe de la Haute-Egypte.
15 **Saïda (villa)**, c. Olivier-de-Serres. — Ville et port de Syrie.
16 **Saïgon (de)**, c. Rude, f. d'Obligado. — Ville de Cochinchine; prise en 1861.
16 **St-Alais (villa)**, c. Boileau.
15 **St-Amand**, c. Fourneaux, f. St-Maur, 35. — Poëte fr.; original et plein de verve, auteur du *Moïse sauvé*. Né en 1594, m. en 1660.
11 **St-Ambroise**, c. Folie-Méricourt, 1.
11 **St-Ambroise (imp.)**, c. St-Irénée, f. pass. St-Maur.
11 **St-Ambroise (imp.)**, c. St-Ambroise, 27, f. pl. S.-And.-d.-Arts.
6 **St-André (blv.)**, c. pl. St-Michel, 6. — Maréchal de France; fut tué à la bataille de Dreux en 1562.
20 **St-André**, c. Charonne, 204, f. blv. Ménilm.
18 **St-André**, c. Clignancourt, f. la Butte.
6 **St-André-des-Arts (pl.)**, c. Hautefeuille, f. St-André-des-Arts.
6 **St-André-des Arts**, c. blv. St-André, f. l'Anc.-Comédie.
4 **St-Antoine**, c. Sévigné, f. pass. Josset.
11 **St-Antoine (pass.)**, c. de Charonne, 36.
12 **St-Antoine (cour)**, c. fg S-Ant., 234, f. N.-St-August., 69.
2 **St-Arnaud**, c. N.-des-Capucines, f. blv. St-Germain. — Ministre de la guerre et maréchal de France ; commanda l'exp. de Crimée. Né en 1798, m. en 1854.
6 **St-Benoît**, c. Jacob, 31, f. Charonne, 80. — Instituteur de l'ordre religieux des Bénédictins. Né en 480, m. en 543.
11 **St-Bernard**, c. fg St-Ant, 183. — Montagne des Alpes, traversée par Napoléon en 1800 avec sa cavalerie et son artillerie.
11 **St-Bernard (imp.)**, c. St-Bernard, 12, f. St-Bern., 27.

Arr.

11	St-Bernard (pass.), c. fg St-Antoine, 159, f. St-Bern., 27.
5	St-Bernard (q.), c. pl. Walhubert, f. Foss.-St-Bernard.
20	St-Blaise, c. pl. St-Blaise, f. blv. Davous.
20	St-Blaise (pl.), c. Bagnolet, 121, f. St-Blaise.
4	St-Bon, c. Rivoli, 81, f. de la Verrerie.
18	St-Bruno, c. Stéphenson, f. Leblanc.
11	St-Charles, c. blv. de Grenelle.
15	St-Charles (pass.), c. de Vanves, 97.
19	St-Chaumont (cité), c. blv. de Vill., 50, f. St-Denis, 374.
2	St-Chaumont (cour), c. blv. de Sébast., 131, f. Turenne, 68.
1	St-Claude, c. blv. Beaumarchais, 99, f. Turenne, 48.
3	St-Claude (imp.), c. St-Claude, 16.
3	St-Denis, c. pl. Châtelet, f. porte St-Denis.
2	St-Denis (blv.), c. porte St-Martin, f. porte St-Denis.
16	St-Didier, c. av. Roi-de-Rome, f. av. d'Eylau.
7	St-Dominique, c. des Sts-Pères, 40, f. av. Lebourdon.
7	St-Dominique (pass.), c. St-Dominique, 229, f. Grenelle, 216.
18	St-Eleuthère, c. pl. du Tertre, f. Ste-Marie.
15	St-Esprit (cour du), c. fg St-Antoine, 127.
1	St-Etienne-du-Mont, c. Descartes, f. M. Ste-Genev., 83.
1	St-Eustache (pass.), c. église, f. Montmartre, 1.
1	St-Eustache (pl.), c. église, f. du Jour, 1.
17	St-Fargeau, c. Pelleport, 131, f. blv. Mortier.
20	St-Ferdinand, c. av. des Ternes, f. av. Gr.-Armée.
17	St-Ferdinand (pl.), c. St-Ferdin., f. Brunel.
2	St-Fiacre, c. des Jeûneurs, 30, f. blv. Poissonn., 9.
14	St-Fiacre (imp.), c. St-Martin, 79.
15	St-Fiacre (pass.), c. blv. de Grenelle, 79, f. Miollis.
1	St-Florentin, c. Rivoli, 244, f. St-Honoré, 271.
12	St-François (cour.), c. Moreau, 41.
13	St-François-de-Sales (imp.), c. de la Glacière, 25. — Evêque de Genève et fondateur de l'ordre de la Visitation. Né en 1567, m. en 1622.
7	St-François-Xavier (av.), c. blv. Invalides, f. av. de Breteuil. — Jésuite, apôtre aux Indes. Né en 1506, m. en 1552.
17	St-Georges, c. av. Clichy, 118, f. Davy.
9	St-Georges, c. Provence, 31, f. N.-D.-de-Lor., 25.
9	St-Georges (pl.), c. N.-D.-de-Lor. f. St-Georges, 60.
6	St-Germain (b.), c. q. St-Bernard, f. Hautefeuille.
9	St-Germain-l'Auxer., c. Lavandières, f. Bourdonnais.
9	St-Germain-des-Prés (pl.), c. église, f. Bonaparte.

Arr.

3 St-Gilles, c. blv. Beaumarch., 63, f. Turenne, 48.

7 St-Guillaume, c. Perronet, f. de Grenelle.

5 St-Hilaire, c. Sept-Voies, f. Jean-de-Beauv., 31.

13 St-Hippolyte, c. Pierre-d'Assis, 9, f. Lourcine, 85.

13 St-Hippolyte (pass.), c. av. d'Italie, f. route Choisy, 42.

9 St-Honoré, c. Bourdonnais, f. Royale.

9 St-Hyacinthe, c. de la Sourdière, 11, f. M. St-Honoré.

16 St-Irénée, c. blv. Voltaire, f. av. Parmentier.

5 St-Jacques, c. Galande, 79, f. blv. Port-Royal.

14 St-Jacques (blv.), c. de la Santé, f. pl. d'Enfer.

17 St-Jacques, c. av. de Clichy, f. Moncey.

17 St-Jean, c. av. de Clichy, f. Moncey.

7 St-Jean (pass.), c. St-Dominique, 687, f. Grenelle, 170.

2 St-Joseph, c. du Sentier, 7, f. Montmartre, 142.

11 St-Joseph (cour), c. de Charonne, 5.

11 St-Joseph (imp.), c. blv. de Belleville, 19.

10 St-Joseph (pass.), c. Buisson-St-Louis, 25.

11 St-Jules, c. fg St-Antoine, 225, f. Montreuil, 2.

5 St-Julien-le-Pauvre, c. Bucherie, 33, f. Galande, 56.

15 St-Lambert, c. Lecourbe, 259, f. Desnouettes, 4.

10 St-Laurent, c. fg. St-Martin, 127, f. blv. Magenta, 172.

10 St-Laurent (cité), c. fg. St-Martin, 257.

10 St-Laurent (imp.), c. blv. Bonne-Nouvelle, 28.

8 St-Lazare, c. Bourdaloue, 9.

12 St-Louis, c. av. du Petit-Bercy, f. Léopold.

4 St-Louis-en-l'Isle, c. q. de Béthune, 2, f. Bellay.

11 St-Louis-St-Ant. (cour), c. fg. St-Ant., 45, f. Lappe, 26.

10 St-Louis-du-Temple (cour), c. fg. du Temple, 121.

10 St-Louis-du-Temple (pass.), c. St-Maur, 226, f. blv. Villette, 45.

17 St-Louis (imp.), c. Nollet, 11.

4 St-Louis (pass.), c. St-Paul, 43, f. égl. St-Paul. — Louis IX, roi de France de 1226 à 1270; défit les Anglais à Taillebourg et à Saintes, entreprit la 7e croisade et mourut de la peste devant Tunis.

20 St-Louis (pass.), c. des Amandiers, 92, f. Carrières, 31.

4 St-Louis (pont), c. q. d'Orléans, f. q. Napoléon.

18 St-Luc, c. Cavé, f. Polonceau.

12 St-Mandé (av. de), c. de Picpus, f. blv. Soult.

2 St-Marc, c. Montmartre, 145, f. Favart, 12.

2 St-Marc (gal.), c. St-Marc, 8, f. gal. Variétés.

13 St-Marcel, c. av. des Gobelins, f. blv. St-Marcel.

5 St-Marcel (blv.), c. blv. de l'Hôpital, f. Lourcine.

Arr.

  3 St-Martin, c. q. Gesvres, 10, f. porte St-Martin.
  3 St-Martin (blv.), c. pl. Château-d'Eau, f. porte St-Martin.
 10 St-Martin (cité), c. fg St-Martin, 94.
 10 St-Martin (cour), c. St-Martin, 326.
 18 St-Mathieu, c. Affre, f. St-Luc.
 10 St-Maur, c. de la Roquette, 131, f. Vicq.-d'Azir.
 10 St-Maur (cour), c. St-Maur, 218.
 10 St-Maur (imp.), c. St-Maur, 210.
 11 St-Maur (pass.), c. St-Maur, 45, f. imp. St-Ambroise.
 14 St-Médard, c. Constantine, 17, f. de Vanves, 20.
  5 St-Michel (blv), c. pl. St-Michel, 7, f. carr. de l'Observ.
 15 St-Michel (pass.), c. av. de St-Ouen, 15.
  5 St-Michel (pl.), c. pont St-Michel, f. blv. St-Michel.
  1 St-Michel (pont), c. q. des Orfèvres, f. q. St-Michel.
  5 St-Michel (q.), c. pl. du Petit-Pont, f. pl. St-Michel.
 18 St-Michel (villa), c. av. St-Ouen, 42, f. des Carrières.
 12 St-Nicolas-St-Ant., c. Charenton, 67, f. fg St-Ant., 82.
 15 St-Nicolas (imp.), c. de Cambronne, 77.
 19 St-Nicolas (imp.), c. de Puébla, 20, f. pass. Buzelin.
 17 St-Ouen, c. av. de Clichy, f. blv. Bessières.
  4 St-Paul, c. q. des Célestins, 22, f. St-Antoine.
 15 St-Paul, Grenelle, c. q. de Javel, f. St-Charles.
 14 St-Paul, c. Tombe-Issoire, f. Voie-Verte, 23.
 17 St-Paul (pass.), c. Balagny, f. av. de St-Ouen.
  8 St-Pétersbourg, c. pl. de l'Europe, f. blv. Batign., 3. — Cap. de l'empire russe.
 16 St-Philibert (imp.), c. Singes, f. des Vignes.
  2 St-Philippe, c. d'Aboukir, 113, f. de Cléry, 72.
  8 St-Philippe-du-Roule (cour), c. fg St-Honoré, 123.
  8 St-Philippe-du-Roule (pass.), c. fg St-Honoré, 152.
 12 St-Pierre (cour), c. du Ch.-de-Reuilly.
 18 St-Pierre (pass.), c. av. de Clichy, f. blv. de Clichy, 128.
 11 St-Pierre-Popincourt (pass.), c. Amelot, f. blv. Voltaire, 152.
  4 St-Pierre-St-Ant. (pass.), c. St-Antoine, f. St-Paul.
 11 St-Pierre-du-Temple (pass.), c. fg du Temple, 98, f. l'O-rillon.
 18 St-Pierre-Montm. (pl.), c. Virginie, f. butte Montm.
  7 St-Pierre (villa), c. Cler, 48, f. av. Bosquet.
  6 St-Placide, c. Sèvres, 57, f. Vaugirard, 88.
 10 St-Quentin, c. blv. Magenta, 92, f. Dunkerque, 27.
  1 St-Roch, c. St-Honoré, 300, f. N.-des-Petits-Champs.
  1 St-Roch (pass.), c. St-Honoré, 206, f. d'Argenteuil, 41.
  6 St-Romain, c. de Sèvres, 109, f. du Ch.-Midi, 104.

Arr.

18 St-Rustique, c. Mont-Cenis, f. des Saules.
11 St-Sabin, c. d'Aval, 23, f. blv. Beaumarchais, 86. — Avocat
    au parlement; échevin de la ville de 1775 à 1777.
11 St-Sabin, (pass.), c. St-Sabin, 8, f. de la Roquette, 31.
2   St-Sauveur, c. St-Denis, 275, f. Montmartre, 86.
2   St-Sauveur (imp.), c. Montmartre, 67.
11 St-Sébastien, c. blv. Filles-du-Calvaire, f. Fol.-Méricourt.
11 St-Sébastien (imp.), c. St-Sébastien, 32.
11 St-Sébastien, c. Amelot, f. blv. Voltaire, 58.
5   St-Séverin, c. St-Jacques, f. pl. St-André-des-Arts.
2   St-Spire, c. Filles-Dieu, 20, f. Ste-Foy.
6   St-Sulpice, c. de Condé, 6, f. pl. St-Sulpice.
6   St-Sulpice (pl.), c. Eglise, f. Bonaparte, 59.
7   St-Thomas-d'Aquin, c. pl. même nom, f. St-Dominique, 11.
    — Dominicain; professa la théologie à Paris. Auteur
    de la Somme théologique et de la Somme contre les gentils.
    Né en 1227, m. en 1274.
7   St-Thomas-d'Aquin (pl.), c. St-Thomas-d'Aquin, 2.
5   St-Victor, c. Card.-Lemoine, f. Monge, 11.
18 St-Victor (imp.), c. Baudelique.
14 St-Victor (pass.), c. de Vanves, 75, f. pass. des Thermes.
18 St-Vincent, c. Girardon, f. de la Bonne.
10 St-Vincent-de-Paul, c. Artistes, f. Tombe-Issoire. — Prêtre
    d'une grande charité. Il institua les Sœurs de charité et
    plusieurs hospices. Né en 1575, m. en 1660.
11 St-Yves, c. Belzunce, 14, f. hôp. Lariboisière.
14 Ste-Alice (villa), c. Maison-Dieu, 14, f. Château, 36.
3   Ste-Anastase, c. Turenne, 69, f. Thorigny, 12.
1   Ste-Anne, c. av. Napoléon, f. Nve-St-Augustin, 13.
12 Ste-Anne, c. av. du Petit-Bourg, f. Léopold.
18 Ste-Anne (cité), c. Marcadet, 47.
2   Ste-Anne (pass.), c. Ste-Anne, 59, f. pass. Choiseul, 52.
11 Ste-Anne-Popinc. (pass.), c. St-Sabin, 42, f. blv. R.-Le-
    noir, 40.
2   Ste-Apolline, c. St-Martin, 350, f. St-Denis, 398.
3   Ste-Avoie (pass.), c. du Temple, 62, f. Rambuteau, 8.
5   Ste-Catherine, c. Soufflot, 25, f. Gay-Lussac.
20 Ste-Catherine (imp.), c. Partants, 356, f. les Buttes.
9   Ste-Cécile, c. fg Poisson., 29, f. Conservatoire.
15 Ste-Cécile, c. Zangiacomi, f. des Fourneaux.
1   Ste-Chapelle (de la), c. blv. du Palais, f. q. des Orfévres.
1   Ste-Chapelle (cour de la), c. blv. du Palais, f. Ste-Chapelle.
16 Ste-Claire, c. Guichard, f. de la Pompe.

Arr.

4 Ste-Croix-de-la-Bret., c. V.-du-Temp., 31, f. Temple, 21.
4 Ste-Croix-de-la-Bretonnerie (pass.), c. des Billettes, 11.
17 Ste-Elisa (cité), c. l'Entrepôt, f. Ch.-de-fer-Ceinture.
3 Ste-Elisabeth, c. des Fontaines, 10, f. Turbigo, 70.
14 Ste-Elisabeth, c. blv. d'Enfer.
18 Ste-Elisabeth (imp.), c. Letort.
14 Ste-Eugénie, c. Géorama, 19, f. Moulin-Vert, 76.
15 Ste-Eugénie (av), c. Dombasle, 24, f. impasse.
14 Ste-Eugénie (imp.), c. d'Alésia, f. de Vanves.
14 Ste-Eugénie (villa), c. av. Malakoff.
18 Ste-Euphrasie, c. Baudelique, f. Mont-Cenis.
18 Ste-Euphrasie (pl.), c. Portes-Blanches, f. Mont-Cenis.
2 Ste-Foy, c. Filles-Dieu, 22, f. St-Denis, 375.
19 Ste-Geneviève, c. des Fêtes, 14, f. du Pré, 15.
5 Ste-Geneviève (pl.), c. pl. du Panthéon.
18 Ste-Isaure, c. du Poteau, f. Versigny.
15 Ste-Lucie, c. de l'Eglise, f. de Javel 195.
11 Ste-Marguerite, c. fg St-Ant., 115, f. Charonne, 70.
18 Ste-Marie, c. Muller, 32, f. de la Fontenelle.
15 Ste-Marie, *Grenelle*, c. av. St-Charles, 43, f. St-Charles.
11 Ste-Marie-du-Temple, c. de l'Orillon, 43, f. fg du
     Temple, 116.
14 Ste-Marie (av.), c. de Vanves, 95.
11 Ste-Marie-St-Ant. (carr.), c. pass. Ste-Marie, 11.
18 Ste-Marie-Bl. (im.), c. Constance.
11 Ste-Marie-St-Ant. (pass.), c. Charonne, 23, f. Roquette, 48.
7 Ste-Marie-St-Germ. (pass.), c. du Bac, 60.
10 Ste-Marie-du-T. (pl.), c. St-Maur, 222, f. Chopinette, 38.
18 Ste-Marie (pass.), c. pass. du Calvaire, 3.
1 Ste-Opportune, c. pl. même nom. f. Ferronnerie, 10.
10 Ste-Opportune (pl.), c. Lavandière, f. m. nom.
10 Ste-Opportune (imp.), c. de Lancry, 57.
16 Ste-Périne (pl.), c. Municipalité, f. Wilhelm.
4 Sts-Pères, c. q. Voltaire, f. de Sèvres.
20 Saints-Simoniens (pl.), c. Duée, f. Calais, 99. — Secte
     fameuse, créée par le comte St-Simon; dissoute, en 1833,
     par les tribunaux.
3 Saintonge, c. du Perche, 10, f. blv. du Temple, 19. —
     Anc. prov. comprise dans la Charente-Infér.; capitale,
     Saintes.
5 Salembrière (imp.), c. St-Séverin, 6.
17 Salneuve, c. Saussure, f. Legendre.
3 Salomon-de-Caus, c. St-Martin, 319, f. blv. Sébastop., 100.

Air.

— Ingénieur et architecte; est regardé par Arago comme
le premier inventeur de la machine à vapeur. Né vers la
fin du xvie siècle, m. en 1630.

13 **Samson,** c. du Moulin-des-R., f. Butte-aux-Cailles, 14. —
Auteur et acteur dram., prof. au Conservatoire. Né en
1793, m. en 1871.

13 **Santé** (de la), c. blv. d'Italie, 167, f. la Glacière.

13 **Santé** (de la), c. blv. Port-Royal, f. d'Italie, 156.

12 **Santé** (imp. de la), c. de la Santé, 19.

5 **Sarteuil,** c. Censier, 21, f. Fer-à-Moulin. — Poëte latin
moderne, célèbre par ses belles hymnes du bréviaire de
Paris. Né en 1630, m. en 1697.

14 **Sarrazin,** c. Ch.-des-Prêtres, f. Tombe-Issoire, 75.

1 **Sartine,** c. Viarmes, f. Coquillière, 15. — Habile lieutenant général de la police sous Louis XV et ministre de
la marine sous Louis XVI. Né en 1729, m. en 1801.

17 **Saucier-Leroy,** c. Poncelet, f. Fourcroy.

18 **Saules** (des), c. Norvins, f. Marcadet.

9 **Saulnier** (pass.), c. Richer, 36, f. Lafayette, 72.

20 **Saumon** (imp.), c. des Amandiers, 96.

2 **Saumon** (pass.), c. Montorgueil, 65, f. Montm., 74.

18 **Saussaies** (des), c. fg St-Honoré, 92, f. Suresnes, 49.

18 **Saussaye** (pass. de la), c. Fontaine-du-But., f. Saules.

17 **Saussure,** c. des Dames, 91, f. blv. Berthier. — Célèbre
naturaliste et physicien. Son ouvrage, *Voyages dans les
Alpes,* est remarquable par un beau style et une admirable
philosophie. Né en 1741, m. en 1799.

13 **Sauvage,** c. q. d'Austerlitz, 40, f. q. de la Gare. — Médecin
et botaniste; se signala par son humanité, non moins
que par son vaste savoir. Né en 1706, m. en 1767.

1 **Sauval,** c. St-Honoré, 95, f. Viarmes, 1. — Historien, qui
a écrit sur les antiquités de Paris. Né en 1620, m.
en 1670.

20 **Savart** (pass.) c. Basses-Vignoles, f. des Haies. — Physicien et chimiste, prof. au collège de France. Né en 1811.

20 **Savies** (de), c. de la Mare, 47, f. Cascades, 55.

6 **Savoie,** c. Séguier, f. Gr.-August. — Prov. annexée à la
France en 1860.

7 **Saxe** (av. de), c. pl. Fontenoy, 3, f. Sèvres, 100. — Maréchal
de France; vainqueur de Fontenoy, de Rocoux et de
Laufeld. Né en 1696, m. en 1750.

7 **Saxe** (imp. de), c. av. de Saxe, 21.

9 **Say,** c. Bochard-de-Saron, f. Lallier. — Célèbre écono-

Arr.

miste et littérateur. Né en 1767, m. en 1832. Aïeul de
M. Léon Say, ministre des finances, ancien préfet de la
Seine.

16 Scheffer, c. Vineuse, 29, f. de la Pompe. — Peintre fr.;
habile dans l'art de la composit. Né en 1785, m. en 1858.

4 Schomberg, c. q. Henri IV, f. de Sully. — Général des
Allemands au service de Henri IV, tué à la bataille
d'Ivry Né en 1527, m. en 1592.

14 Schomer, c. Constantine, 31, f. de Vanves.

5 Scipion, c. Fer-à-Moulin, 27, f. blv. St-Marcel.

5 Scipion (pl.), c. Scipion, 18, f. Fer-à-Moulin, 27.

9 Scribe, c. blv. des Capucines, f. blv. Haussmann. — Célèbre
auteur dram., auteur de beaucoup de chefs-d'œuvre ; joués
au théâtre français. Né en 1791, m. en 1861.

10 Sébastopol (de), c. d'Allemagne, 38, f. Meaux, 99.

14 Sébastopol (villa), c. d'Orléans, 23.

1 Sébastopol (blv.), c. pl. Châtel, f. blv. St-Denis, 9. — Ville
forte de Crimée, prise d'assaut par l'armée anglo-française
en 1855.

10 Secrétant, c. Meaux, f. Mexico.

11 Sedaine, c. blv. Rich. Lenoir, f. av. Parmentier. — De simple
maçon, s'éleva au premier rang des auteurs dramatiques
du XVIIIe siècle par ses deux comédies uniques en leur
genre, le *Philosophe sans le savoir* et la *Gageure imprévue*.
Né en 1719, m. en 1797.

6 Séguier, c. q. Gr.-Augustins, 33, f. St-And.-des-Arts. —
Chancelier sous Louis XIII et Louis XIV. Présida la
Commission qui jugea Fouquet. Né en 1588, m. en 1672.

18 Seguin, c. Cugnot. f. la Chapelle, 104. — Économiste ;
collaborateur de Fourcroy et Berthollet. Né en 1768, m.
en 1835.

7 Ségur (av. de), c. pl. Vauban, f. av. de Saxe, 9. — Maréchal
de France. Né en 1655, m. en 1783.

6 Seine (de), c. q. Malaquais, f. St-Sulpice, 18.

10 Seine (q. de la), c. Flandres, f. de Crimée, 159.

19 Sellèque (cité), c. blv. de la Villette, 144.

2 Sentier (du), c. de Cléry, 126, f. blv. Poissonnière, 7 bis.

5 Sept-Voies (des), c. l'Éc. Polytechn. f. pl. Panthéon,

6 Serpente, c. blv. St-Michel, 18, f. de l'Éperon, 9.

19 Sérurier (blv.), c. pl. de Romainville, f. pl. du c. de
Lourq. — Général de la République, prit part au 18
Brumaire et devint maréchal de l'Empire et gouv. des
Invalides. Né en 1742, m. en 1819.

Arr.

12 Soulages, c. q. de Bercy, 51, f. de Bercy, 29.
12 Soult (blv.), c. porte Picpus, f. p. Vincennes. — Maréchal de l'Empire, duc de Dalmatie; devint ministre de
la guerre sous la Restauration et sous Louis-Philippe.
Né en 1769, m. en 1852.
20 Soupirs (pass. des), c. Puébla, f. de la Chine.
16 Source (de la), c. des Vignes, f. Ribera.
20 Source (de la), c. Pelleport, 76, f. V.-R.-de-Belleville.
4 Sourdière (de la), c. St-Honoré, 308, f. Gomboust.
16 Spontini, c. de la Tour, f. av. Uhrich. — Célèbre compositeur italien, auteur de la *Vestale*, de *Fernand Cortez*, etc.
Né en 1771, m. en 1851.
12 Stainville (pass.), c. Erard, 26, f. Montgallet, 13.
12 Stainville annexe (pass.), c. Reuilly, 46, f. pass. m. nom.
6 Stanislas, c. N.-D.-des-Ch., 42, f. blv. Montparnasse.
6 Stanislas (pass.), c. N.-D.-des-Ch., 64, f. Bréa, 21.
19 Stanislas (imp.), c. de Meaux, 6.
19 Stemler, c. blv. de la Villette, 56.
18 Stephenson, c. Jessaint, f. Doudeauville. — Célèbre ingénieur anglais; inventeur de la locomotive, et constructeur
de deux ponts-tubes en fer qui sont des merveilles du
génie industriel. Né en 1803, m. en 1859.
18 Stockholm, c. d'Amsterdam, 21. — Cap. de la Suède.
11 Strasbourg, c. fg St-Martin, 131, f. fg St-Denis, 122.
11 Strasbourg (pl.), c. blv. même nom, f. gare de l'Est.
10 Strasbourg (blv.), c. blv. St-Denis, 18, f. Strasbourg, 9.
16 Suchet, c. pl. de la Muette, f. pl. d'Auteuil. — Général fr.;
duc d'Albuféra; se distingua dans toutes les guerres de
l'Empire. Né en 1772, m. en 1826.
19 Sud (pass. du), c. Petit, 32, f. av. sans nom.
7 Suffren (av.), c. q. d'Orsay, 105, f. Pérignon, 18. — Vice-
amiral fr.; vainqueur des Anglais sur terre comme sur
mer dans les Indes. Né en 1726, m. en 1788.
6 Suger, c. pl. St-André-des-Arts, f. l'Eperon. — Ministre de
Louis VI et de Louis VII; régent du roy. pendant la
croisade de ce dernier roi. Né en 1082, m. en 1152.
4 Sully, c. Mornay, f. Petit-Musc. — Ami et ministre de
Henri IV; donna un grand développement à l'agriculture. Né en 1559, m. en 1641.
17 Sulot (imp.), c. Laugier.
7 Surcouf, c. q. d'Orsay, f. St-Dominique. — Marin fr. qui
fut la terreur du commerce anglais. Né en 1773, m. en
1827.

8 Surène, c. Boissy-d'Anglas, 15, f. Saussaies, 16.
16 Sycomores (av.), c. av. des Tilleuls, f. blv. Montmorency.

T

4 Tacherie (de la), c. q. de Gesvre, f. Rivoli, 35.
11 Taillandiers (des), c. Charonne, 29, f. Roquette, 66.
4 Taille-Pain, c. Cl.-St-Merry, 18, f. Brise-Miche.
11 Taillebourg (av.), c. pl. du Trône, 13, f. blv. Charonne, 33. — Village de la Charente-Inf., célèbre par la
victoire de S. Louis sur les Anglais.
9 Taitbout, c. blv. des Italiens, 21, f. d'Aumale. — Greffier
de la ville en 1775.
15 Talma (cité), c. Vaugirard, 171, f. des Fourneaux.
16 Talma, c. Singer, 38, f. Boislevent, 3. — Le plus célèbre
des tragédiens de nos jours. Né en 1766, m. en 1826.
10 Tanger, c. blv. Villette, 222, f. du Maroc, 27. — Ville et
port de Maroc, bombardé et pris par les Français en 1844.
6 Taranne, c. de Rennes, 48, f. Sts-Pères, 53. — Echevin de
la ville en 1417.
17 Tarbé, c. Saussure, f. Cardinet. — Avocat et ministre des
finances. Né en 1753, m. en 1806.
18 Tardieu, c. Trois-Frères, f. pl. St-Pierre. — Famille célèbre dans l'art. de la gravure.
8 Téhéran, c. blv. Haussmann, 142, f. de Monceaux. — Cap.
de la Perse.
20 Télégraphe (du), c. de Belleville, f. St-Fargeau, 9.
3 Temple, c. Rivoli, 66, f. pl. du Chât.-d'Eau.
3 Temple (blv.), c. Filles-du-Calv., 25, f. pl. Chât.-d'Eau.
14 Tenailles (imp.), c. Ch.-du-Maine, 99.
16 Teniers.   — Peintre flamand, dont
les tableaux, pleins de charme et de vérité, représentent
des scènes villageoises. Né en 1582, m. en 1649.
11 Ternaux, c. Fol.-Méricourt, 48, f. Mar.-Popincourt, 16. —
Manufacturier : introduisit en France et améliora la race
des chèvres de Cachemire. Né en 1765, m. en 1833.
17 Ternes (av. des), c. av. Wagram, 49, f. blv. Gouvion-St-Cyr.
10 Terrage (du), c. fg St-Martin, 176, f. q. Valmy, 225.
17 Terrasse (de la), c. Lévis, 33, f. blv. Malesherbes.
13 Terres-au-Curé (sent. des), c. s. d. Chamaillards, f. blv.
Masséna.
12 Terres-Fortes (des), c. blv. Contrescarpe, 31, f. de Lyon, 45.
14 Terrier-aux-Lapins, c. Château, 47, f. Moulin-Vert.

Arr.

18 Tertre (imp. du), c. Norvins.
18 Tertre (pl. du), c. Mont-Cenis, f. Norvins.
15 Tessier, c. pass. Bargue, f. de la Procession. — Agronome ; membre de l'Institut. Né en 1740, m. en 1837.
15 Théâtre (du), c. Cr.-Nivert, 58, f. q. de Grenelle, 43.
18 Théâtre (cité), Mont., c. des Acacias, 10.
15 Théâtre (pourt. du), c. Croix-Nivert, 53, f. Quinault.
 1 Théâtre-Français (gal.), c. gal. Chartres, f. Montpensier.
 1 Théâtre-Français (pl.), c. St-Honoré, 218, f. av. Napoléon.
 5 Thénard, c. blv. St-Germain, f. des Ecoles, 41. — Célèbre chimiste ; membre de l'Institut. Né en 1777, m. en 1857.
 1 Thérèse, c. Ste-Anne, 35, f. Ventadour.
11 Thermopyles (pass.), c. Ch.-de-Plantes, 10, f. de Vanves, 77. — Défilé au pied du mont Œta, dans la Thessalie, célèbre par le dévouement de Léonidas et de ses 300 Spartiates, 480 av. J.-C.
 2 Thévenot, c. St-Denis, 205, f. Petit-Carreau, 18.
14 Thibaud, c. av. d'Orléans, 66, f. Ch.-du-Maine, 127.
11 Thiboumery, c. d'Alleray, f. de Vouillé.
11 Thierry (pass.), c. Charonne, 23, f. Roquette, 48.
18 Thierri (imp.), c. du Poteau, 26.
19 Thierry, c. du Pré, 12, f. Compans, 11. — Historien d'un grand mérite. Né en 1795, m. 1856.
19 Thionville, c. Crimée, 150, f. canal de l'Ourcq. — Dép. de la Moselle ; a soutenu en 1792 un siége célèbre contre les émigrés et les Autrichiens.
18 Tholozé, c. Abbesses, f. Lepic, 81.
18 Thomas (imp.), c. Marcadet, 50.
 3 Thorigny, c. de la Perle, f. Debelleyme. — Président du Parlement de 1711 à 1727.
 3 Thorigny (pl. de), c. de la Perle, f. Parc-Royal, 21.
 5 Thouin, c. Card.-Lemoine, f. V.-Estrapade. — Professeur de culture au Jardin-des-Plantes ; membre de l'Institut. Né en 1747, m. en 1823.
13 Tiers, c. Gérard, f. Moulin des-Prés.
16 Tilleuls (av.), c. de la Source, f. blv. Montmorency.
18 Tilleuls (av.), c. Lepic, 22.
 8 Tilsitt, c. av. Ch.-Elysées, f. Gr.-Armée. — Ville de Prusse, célèbre par la paix qu'y dicta Napoléon à la Prusse et à la Russie en 1807.
15 Tiphaine, f. Violet, 9.
 1 Tiquetonne, c. St-Denis, 223, f. Montmartre, 38.
 4 Tiron, c. Franç-Miron, 27, f. Rivoli, 13.

Arr.

13 **Titien**, c. du Banquier, f. blv. de l'Hôpital, 106. — Chef de l'école vénitienne. On aurait peine à énumérer ses chefs-d'œuvre. Né en 1477, m. en 1576.

9 **Tivoli** (de), c. Clichy, 19, f. de Londres, 27.

9 **Tivoli** (pass.), c. St-Lazare, 110, f. d'Amsterdam, 38.

9 **Tivoli** (pl. de), c. Londres, 37, f. Tivoli, 26.

20 **Tlemcen**, c. blv. Ménilm., f. Duris, 17. — Ville d'Algérie, dans la prov. de Mascara.

12 **Tocanier** (pass.), c. blv. Mazas, 81, f. fg St-Antoine, 24.

13 **Tolbiac**, c. l'atay, f. de la Glacière. — Village près de Cologne, où Clovis remporta une grande victoire sur les Allemands en 495.

14 **Tombe-Issoire** (de la), c. blv. St-Jacques, 59, f. blv. Jourdan.

18 **Torcy**, c. de la Chapelle, 88, f. Cugnot. — Neveu du grand Colbert; auteur de *Mémoires*. Né en 1665, m. en 1746.

18 **Torcy** (pl), c. Torcy, 7, f. de l'Evangile.

12 **Torricelli**, c. Lebon, f. Bayen. — Physicien et géomètre italien, disciple de Galilée; inventa le baromètre. Né en 1608, m. en 1647.

5 **Toullier**, c. Cujas, f. Soufflot, 16. — Jurisconsulte; auteur d'un excellent commentaire du Code civil. Né en 1752, m. en 1835.

16 **Tour** (de la), c. de Passy, f. blv. Lannes.

9 **Tour-des-Dames**, c. Rochefoucauld, 5, f. Blanche, 16.

14 **Tour-de-Vanves** (pass.), c. Ch.-du-Maine, 102.

20 **Tourelles** (des), c. Haxo, 86, f. blv. Mortier.

18 **Tourlaque**, c. Lepic, 49, f. de Maistre.

5 **Tournefort**, c. Blainville, 11, f. Lhomond. — Célèbre botaniste; on lui doit une classification méthodique des plantes. Né en 1656, m. en 1708.

3 **Tournelles** (des), c. St-Antoine, 205, f. blv. Beaumar., 77.

4 **Tournelle** (pont), c. q. de la Tournelle, f. q. de Béthune.

5 **Tournelle** (q. de la), c. blv. St-Germain, 1, f. Maître-Albert.

12 **Tourneux** (des), c. Ch.-de-Reuilly, 25, f. av. Daumesnil.

6 **Tournon**, c. St-Sulpice, 19, f. Vaugirard, 24. — Abbé de St-Germain, cardinal et ambassadeur. Né en 1489, m. en 1562.

15 **Tournus** (pass.), c. Fondari, 35, f. du Théâtre, 33.

20 **Tourville** (de), c. de Belleville, 1, f. Palikao, 21.

20 **Tourville** (imp.), c. de Tourtille, 23.

7 **Tourville** (av.), c. blv. Invalides, 4, f. av. Lam.-Piquet. —

Maréchal de France; fut une des gloires de la marine fr. sous Louis XIV. Né en 1612, m. en 1701.

13 Toussaint-Féron (pass.), c. av. d'Italie, 51, f. de Choisy, 58.

6 Toustain, c. de Seine, 76, f. Félibien, 1. — Bénédictin; auteur du *Nouveau Traité diplomatique* et d'autres ouvrages. Né en 1700, m. en 1751.

13 Toutay (imp.), c. blv. d'Italie.

20 Touzet (imp.), c. des Amandiers.

2 Tracy, c. blv. Sébastopol, 127, f. St-Denis, 312. — Idéologue; membre de l'Institut. Né en 1754, m. en 1836.

18 Træger (cité), c. des Poissonniers, 99.

18 Trainée (imp.), c. Norvins.

16 Traktir, c. Lauriston, f. av. Uhrich. — Ville de Crimée, célèbre par la victoire des Français sur les Russes, en 1855.

7 Traverse, c. Oudinot, 7, f. de Sèvres, 62.

12 Traversière, c. q. de la Rappée, 86, f. fg St-Ant., 160.

12 Traversière (pass), c. Traversière, 67, f. Charenton, 82.

8 Treilhard, c. Mirom1énil, f. Téhéran. — Jurisconsulte; membre de la Constituante, de la Convention, du Comité de salut public et du Directoire. — Né en 1742, m. en 1810.

6 Treille (pass. de la), c. Ec.-de-Méd., 97, f. Clément.

16 Tremeaux (cité), c. des Moines, 91.

9 Tréviso, c. Bergère, 24, f. Lafayette, 76. — Ville de la Vénétie, prise par les Français en 1797, et resta neuf ans ch.-l. du dép. du Tagliamento.

9 Tréviso (cité), c. Richer, f. Bleue, 5.

17 Trézel, c. av. de Clichy, 42, f. Davy. — En l'honneur du général qui se distingua en Algérie en 1835.

9 Trinité (de la), c. Blanche, 7, f. de Clichy, 8.

9 Trinité (pl. de la), c. Ch.-d'Antin, f. l'église.

2 Trinité (pass. de la), c. Palestro, 21, f. St-Denis, 286.

5 Triperet, c. de la Clef, f. Monge.

13 Triperie (sentier de la), c. av. Fortin, f. Baudricourt.

18 Trois-Bornes, c. Fol.-Méricourt, 76, f. St-Maur, 101.

12 Trois-Chandelles, c. Montgallot, 10, f. Quatre-Chemins.

12 Trois-Chandelles (ruelle), c. blv. de Reuilly, 18, f. ruelle aux Loups.

20 Trois-Communes (pl. des), c. de Belleville, f. blv. Mortier.

11 Trois-Couronnes (des), c. St-Maur, 130, f. blv. de Belleville, 25.

Arr.

11 Trois-Couronnes (pass.), c. Tr.-Couronnes, 27, f. de l'Orillon.
18 Trois-Frères, c. des Acacias, f. Ravignan.
11 Trois-Frères (cour des), c. fg St-Antoine, 83.
18 Trois-Frères (pass. des), c. Tr.-Frères, f. Poirier, 4.
1 Trois-Maries (pl. des), c. q. du Louvre, f. de la Monnaie.
5 Trois-Postes (des), c. pl. Maubert, 12, f. Hôtel-Colbert, 13.
12 Trois-Sabres (des), c. Quatre-Chemins, f. blv. Reuilly.
14 Trois-Sœurs (des), c. Deprez, f. Moul.-de-la-Vierge.
17 Trois-Sœurs (pass.), c. av. Clichy, 126, f. blv. Bessières.
11 Trois-Sœurs (imp. des), c. Popincourt, 28.
1 Trois-Visages (imp. des), c. Bourdonnais, 22.
8 Tronchet, c. pl. Madeleine, 35, f. blv. Haussmann, 55. — Jurisconsulte; fut un des conseils de Louis XVI devant la Convention nationale. Né en 1826, m. en 1806.
8 Tronçon-du-Condray, c. Pasquier, f. d'Anjou. — Avocat d'une grande éloquence, plaida pour un grand nombre de victimes du Tribunal révolutionnaire. Né en 1750, m. en 1795.
11 Trône (pass. du), c. blv. Charonne, f. av. Taillebourg.
11 Trône (pl. du) c. fg St-Antoine, 280, f. blv. Charonne.
9 Trudaine (av. de), c. Rochechouart, f. Martyrs, 62. — Conseiller d'Etat, prévôt des marchands de 1716 à 1720.
17 Truffaut, c. des Dames, 31, f. Cardinet, 21.
11 Truillot (cour), c. blv. Voltaire, 38.
1 Tuileries (q. des), c. Carrous., f. pl. de la Concorde.
11 Tunis (de), c. pl. du Trône, 7, f. Montreuil, 93. — Ville d'Afrique, cap. de la régence de ce nom.
19 Tunnel (du), c. Vera-Cruz, f. Alouettes.
1 Turbigo, c. Montorgueil, f. du Temple, 99. — ? Grande victoire remportée par l'armée franco-italienne sur l'armée autrichienne, le 3 juin 1860.
3 Turenne, c. St-Antoine, 127, f. Charlot, 70. — Un des meilleurs capitaines des temps modernes. Il dirigea les campagnes que Louis XIV fit en personne. Né en 1611, tué à Salzbach en 1675.
9 Turgot, c. Rochechouart, 51, f. av. Trudaine, 13. — Prévôt des marchands de 1729 à 1710, fit exécuter le plan de Paris qui porte son nom. Né en 1727, m. en 1751.
9 Turgot (pl.), c. Condorcet, f. Rochechouart, 14.
8 Turin (de), c. Berlin, 34, f. blv. Batignolles, 25.

U

Arr.
5 Ulm (d'), c. pl. Panthéon, f. Feuillantines, 90. — Ville
forte de Wurtemberg, célèbre capitulation, en 1805, du
général autrichien Mack avec 30,000 h.
7 Université (de l'), c. Sts-Pères, 22, f. av. Labourdonnais.
15 Université (cité), c. Croix-Nivert, 55.
16 Uhrich (av.), c. pl. de l'Etoile, f. blv. Lannes. — Général
fr., nommé commandant de Strasbourg ; il capitula
le 27 sept. 1870. Né en 1802.
5 Ursulines (des), c. d'Ulm, 42, f. St-Jacques, 245.
15 Usines (des), c. blv. Grenelle, 209, f. q. Grenelle.

V

11 Vacheron (cité), c. Folie-Regnault, 38.
5 Val-de-Grâce (du), c. St-Jacques, 301, f. blv. St-Michel, 137.
7 Valandon (cité), c. Grenelle, 162, f. Ch.-de-Mars.
5 Valence (de), c. av. Gobelins, f. Pascal, 19.
10 Valenciennes, c. St-Quentin, 19, f. blv. Magenta, 110.
12 Valée-de-Fécamp, c. Lancette, 21 f. les champs.
10 Valmy (q. de), c. Rampon, f. blv. de la Villette, 131. —
Vge du dép. de la Marne, où Dumouriez battit les Prussiens en 1792.
1 Valois, c. St-Honoré, 202, f. Beaujolais, 2. — Pays de
l'Ile de France, donné en apanage au père de Charles VI,
par Philippe le Hardi.
8 Valois (av.), c. blv. Malesherbes, 119.
1 Valois (pl.), c. Bons-Enfants, 11, f. Valois, 4.
1 Valois (gal.), c. péris. Valois, f. péris. Beaujolais.
4 Valois (péristyle), c. gal. des Proues, f. gal. Valois.
8 Van-Dyck (av.), c. Courcelles. — Bon peintre de l'école
flamande, élève de Rubens ; excella dans le portrait. Né
en 1579, m. en 1611.
16 Van-Loo, c. q. d'Auteuil, f. r. de Versailles. — Famille qui
a fourni à la France une série de peintres d'un haut mérite. Carlo Van-Loo est le plus remarquable de toute la
famille. Né en 1705, m. en 1765.
14 Vandal, c. Vanves, f. blv. Brune.
14 Vandamme, c. de la Gaîté, f. Ch.-de-Fer. — Général de

division qui prit part à toutes les glorieuses campagnes de l'Empire. Né en 1771, m. en 1830.

13 Vandrezanne, c. av. d'Italie, 36, f. Moulin-des-Prés, 29.

7 Vanneau, c. Varennes, 55, f. de Sèvres, 46. — En mémoire d'un élève de l'Ecole Polytechnique, tué le 29 juillet 1830, à l'attaque de la caserne Babylone.

1 Vannes, c. Deux-Ecus, 12, f. de Viarmes, 8.

14 Vanves, c. Ch. du Maine, 58, f. blv. Brune.

7 Varennes, c. de la Chaise, 16, f. blv. des Invalides, 17. — Avocat et procureur de la ville en 1765.

2 Variétés (gal. des), c. Vivienne, 38, f. g. Montmartre, 29.

19 Vateaux (pass.), c. de l'Ourcq, 86, f. Curial.

7 Vauban (pl.), c. av. Tourville, f. av. Breteuil. — Maréchal de France, créateur de la tactique moderne. Il prit part à 110 actions de vigueur. Né en 1633, m. en 1707.

3 Vaucanson, c. Breteuil, 15, f. Vertbois, 29. — Célèbre grammairien, memb. de l'Institut. Né en 1709, m. en 1783.

11 Vaucanson (pass.), c. Charonne, 53, f. Roquette, 62.

15 Vaugelas, c. Olivier-de-Serres, f. Lacrételle. — Célèbre grammairien; rédacteur en chef du Dictionnaire de l'Académie. Né en 1585, m. en 1650.

6 Vaugirard, c. M.-le-Prince, 40, f. blv. Lefèvre.

15 Vaugirard (blv.), c. pl. du Maine, f. Lecourbe.

15 Vaugirard (pl.), c. Blomet, f. Vaugirard, 258.

5 Vauquelin, c. Lhomond, f. Feuillantines, 72. — Marin d'une intrépidité presque fabuleuse. Né en 1728, m. en 1763.

1 Vauvilliers, c. St-Honoré, 76, f. Coquillière, 1. — Helléniste, membre de l'Institut et président de la Commune en 1789; il sauva Paris de la famine. Né en 1737, m. en 1801.

6 Vavin, c. d'Assas, 78, f. blv. Montparnasse, 101.

6 Vavin (av.), c. d'Assas, 86.

8 Velasquez, c. blv. Malesherbes. — Célèbre navigateur, compagnon de Christophe-Colomb. M. en 1523.

7 Velpeau, c. Babylone, f. Sèvres. — Chirurgien fr. membre de l'Institut et de l'Acad. de méd., prof. à l'Ecole; publia un grand nombre d'ouvrages. Né en 1795, m. en 1860.

3 Vendôme (pass.), c. Béranger, 18, f. pl. Chât.-d'Eau. — Fils de Henri IV et de Gabrielle d'Estrées. Né en 1594, m. en 1665.

1 Vendôme (pl.), c. St-Honoré, 356, f. N.-P.-Champs, 103.

4 Veulse, c. Beaubourg, 7, f. Quincampoix, 56. — Cap. de la Vénétie.

Arr.

1 **Ventadour**, c. Thérèse, 13. f. N.-P.-Champs, 57. — Nom d'une gouvernante de Louis XV.

10 **Vera-Cruz**, c. Puébla, f. Crimée. — Ville et port de Mexique, pris plusieurs fois par les Français.

9 **Verdeau** (pass.), c. Gr.-Batelière, 6, f. fg Montmart., 31.

1 **Verderet**, c. Turbigo, 3, f. aux Ours,53.

16 **Verderet**, c. pl. d'Auteuil, f. du Bois.

10 **Verdun** (imp.), c. de Thionville, 4.

14 **Verel** (imp.), c. de Vanves, f. Ch.-de-Fer.

8 **Vernet**, c. Chaillot, 109, f. av. Joséphine, 64. — Célèbre peintre fr., membre de l'Institut. Né en 1789, m. en 1863.

7 **Verneuil**, c. Sts-Pères, 10, f. Poitiers, 7. — Henri de Bourbon, duc de Verneuil, abbé St-Germain en 1640. Fils de Henri IV et de Henriette d'Entragues.

17 **Vernier**, c. Bayen, f. Laugier. — Savant géomètre, inventeur de l'instrument qui porte son nom. Né en 1580, m. en 1637.

1 **Véro-Dodat** (pass.), c. J.-J. Rousseau, 17, f. du Bouloi, 2.

18 **Véron**, c. blv. de Clichy, f. Lepic, 24. — Publiciste, ancien directeur de l'Opéra ; auteur des *Mémoires d'un bourgeois de Paris*. Né en 1798, m. en 1867.

18 **Véron** (cité), c. Elysées-Beaux-Arts, 11.

13 **Véronèse**, c. Rubens, f. av. Gobelins. — Peintre vénitien, excellent coloriste. Né en 1530, m. en 1588.

4 **Verrerie** (de la), c. Bourtibourg, f. St-Martin, 76.

16 **Versailles** (route de), c. p. Grenelle, f. blv. Murat.

16 **Versigny**, c. Letort, f. Mont-Cenis.

3 **Vertbois** (pass.), c. Vertbois, 63, f. N.-D.-de-Nazar.

3 **Vertbois**, c. Turbigo, 75, f. St-Martin, 306.

11 **Verte** (allée), c. Rich.-Lenoir, 59, f. St-Sabin, 58.

3 **Vertus** (des), c. Gravilliers, 16, f. Réaumur, 13.

5 **Vesale**, c. Scipion, f. de la Collégiale. — Médecin distingué ; donna un nouvel élan à l'anatomie en bravant les préventions de l'époque et en disséquant les cadavres. Né en 1514, m. en 1564.

8 **Vézelay**, c. Lisbonne, 32, f. de Monceau, 64.

5 **Viala**, c. blv. Grenelle, 217, f. St-Charles.

10 **Viallet** (cité), c. Roquette, 138, f. Rich.-Lenoir, 46.

1 **Viarmes**, c. Sauval, 13, f. Oblin, 2. — Prévôt des marchands de Paris de 1758 à 1761.

10 **Vicq-d'Azir**, c. St-Maur, 252, f. blv. Villette, 63. — Célèbre médecin ; professa l'anatomie à Paris. Né en 1748, m. en 1794.

Arr.

9 **Victoire** (de la), c. fg Montm., 51, f. Joubert, 20.
1 **Victoire** (pl. des), c. Catinat, 1, f. d'Aboukir.
15 **Victor** (blv.), c. p. de Versailles, f. p. du Bas-Meudon. — Duc de Bellune, maréchal de l'Empire; prit une part glorieuse à presque toutes les batailles de l'Empire. Né en 1766, m. en 1841.
5 **Victor-Cousin**, c. pl. Sorbonne, f. Soufflot, 22. — Philosophe éclectique et écrivain, ministre de l'instruction publique en 1840. Né en 1792, m. en 1867.
1 **Victoria** (av.), c. Hôtel-de-Ville, f. Lavand. St-Opp. — En l'honneur de la reine d'Angleterre. Née en 1819, règne depuis 1837.
2 **Vide-Gousset**, c. pl. de Victoires, 12, f. du Mail, 2.
13 **Vieille-de-la-Croix-Rouge**, c. Domrémy, f. Ch.-d.-Rentiers.
5 **Vieille-Estrapade**, c. Thouin, 16, f. fg St-Jacques, 23.
20 **Vieille-R.-de-Belleville**, c. Gr.-R.-Mont. f. Ménilm.
20 **Vieille-Rue-de-Montreuil**, c. Polleport, 56, f. blv. Davoust.
3 **Vieille-du-Temple**, c. Franç.-Miron, 3, f. Turenne, 103.
4 **Vieilles-E.-St-Martin**, c. Beaubourg, f. St-Martin, 140.
3 **Vieilles-Haudriettes**, c. Gr.-Chantier, f. du Temple, 82.
6 **Vieilles-Tuileries** (cour), c. Cherche-Midi, 86.
8 **Vienne** (de), c. pl. Delaborde, f. pl. de l'Europe. — Cap. de l'empire d'Autriche, occupée par les Français en 1806 et 1809.
1 **Vierge** (pass. de la), c. av. Bosquet, f. Cler. 51.
14 **Vierge** (pass. de la), c. de Vanves, 99, f. d'Alésia.
6 **Vieux-Colombier** (du), c. Bonaparte, 74, f. carr. Croix-Rouge.
2 **Vigan** (pass.), c. d'Aboukir, 14, f. d'Argout, 63.
18 **Vignes** (des), c. Ch.-de-Fer-Ceinture, f. les champs.
16 **Vignes** (des), c. Raynouard, f. Boulainvilliers.
5 **Vignes** (pass.), c. Lhomond, f. Rataud.
11 **Vignolles** (ruelle des), c. blv. de Charonne, 71.
8 **Vigny** (de), c. Courcelles, 80, f. blv. de Courcelles. — Poëte, auteur dram. et romancier; connu surtout par son roman historique de *Cinq-Mars*, et son drame de *Chatterton*. Né en 1798, m. en 1864.
20 **Vilin**, c. Couronnes, 27, f. Piat.
16 **Villafranca** (cité de), c. Morillons, f. Nice-la-Front. — Ville d'Italie. Célèbre par le traité de paix qui y fut conclu en 1859, entre la France et l'Autriche.
7 **Villars** (av. de), c. pl. Vauban, f. blv. des Invalides, 20. —

Arr.

Maréchal de France et pair, remporta en 1702 la bataille
de Friedlingen, défit les impériaux à Hochstett, en 1703, et
fut vainqueur à Denain, en 1712. Né en 1653, m. en 1731.

9 Villedo, c. Richelieu, 41, f. Ste-Anne, 32 bis.

4 Villehardouin, c. St-Gilles, 24, f. Turenne, 56. — Maréchal
de Champagne, historien de la 4e croisade, à laquelle il
prit part. Né en 1172, m. en 1223.

3 Villehardouin (imp.) c. Villehardouin, 4.

13 Villajuif, c. Pinon, f. blv. de la Gare, 164.

16 Villejust, c. av. Roi-de-Rome, f. av. Uhrich.

8 Ville-l'Évêque, c. blv. Malesherbes, 9, f. Saussaies.

2 Villeneuve (de la), c. Beauregard, 5, f. blv. Bonne-Nouvelle.

17 Villiers, c. av. Ternes, 66, f. blv. Gouv.-St-Cyr. — Maréchal de France. Né en 1384, tué en 1437.

12 Villiot, c. q. de la Rapée, 39, f. de Bercy, 155.

10 Vinaigriers, c. Marseille, f. fg St-Martin, 102.

20 Vincennes, c. Bagnolet, 146, f. Vitruve.

12 Vincennes (cour de), c. blv. Picpus, 106, f. blv. Soult.

19 Vincent, c. de Belleville, f. Rébeval, 18.

18 Vincent-Compoint, c. du Poteau, 41, f. des Cloys.

1 Vindé (cité), c. blv. Madeleine, 17. — Savant agronome et
bibliophile distingué. Né en 1759, m. en 1812.

16 Vineuse, c. de Passy, f. pl. du Roi-de-Rome.

1 Vingt-Neuf-Juillet, c. Rivoli, 210, f. St-Honoré, 213. —
Une des journées de la Révolution de 1830; victoires des
Parisiens sur les troupes de Charles X.

9 Vintimille, c. de Clichy, 64, f. de Calais, 23. — Nom de
la comtesse Philippe de Ségur, née de Vintimille.

9 Vintimille (pl.), c. de Douai, 55, f. de Calais, 22.

15 Violet, c. b. Grenelle, 183, f. Entrepreneurs, 73.

20 Violet (imp.), c. du Liban, 3.

10 Violet (pass.), c. d'Hauteville, 29.

15 Violet (pl.), c. Violet.

18 Virgile (av.), c. de la Pompe, f. av. de l'Emp., 43. —
Prince des poëtes latins, auteur des Eglogues, des Géorgiques,
de l'Enéide. Né l'an 69 av. J.-C., m. âgé de 51 ans.

15 Virginie, c. de Javel, 52, f. St-Paul.

18 Virginie, c. b. Rochechouart, f. pl. St-Pierre.

6 Visconti, c. de Seine, 28, f. Bonaparte, 10. — Célèbre architecte fr.; membre de l'Institut; donna les plans de la
Bibliothèque nationale et du nouveau Louvre. Né en 1791,
m. en 1851.

nicien angl.; perfectionna la machine à vapeur. Né en 1736,
m. en 1811.

13 Watteau, c. du Banquier, f. b. de l'Hôpital. — Peintre fr.,
bon coloriste; inventa un genre à la fois gracieux et
bizarre. Né en 1684, m. en 1721.
10 Wauxhall (cité du), c. b. Magenta, 6, f. des Marais.
16 Wilhelm, c. pl. Ste-Périne, f. q. d'Auteuil. — Fondateur
des écoles populaires de chant en France. Né en 1779,
m. en 1842.

X

13 Xantrailles, c. Domrémy, f. pl. Jeanne d'Arc. — Maréchal
de France.; combattit avec Jeanne d'Arc à Orléans et à
Patay et se signala dans la guerre contre les Anglais sous
Charles VIII. Né en 1398, m. en 1461.

Y

12 Yonne (de l'), c. q. de Bercy, 59, f. de Berry, 15.
15 Yvart, c. La Quintinie, f. d'Alleray. — Agronome fr.; fit les
plus louables efforts pour améliorer l'agriculture en
France. Né en 1761, m. en 1831.

Z

5 Zacharie, c. q. St-Michel, 13, f. St-Séverin, 26.
15 Zangiacomi, c. R.-P.-Fourneaux, f. Morillons. — Conven-
tionnel et membre du conseil des Cinq-Cents. Né en 1766,
m. en 1846.
15 Zouaves (sentier des), c. Pet.-V. de Vanves, f. b. Lefèvre.

Division de la ville de Paris en 20 arr.

1er	Arrond.	du Louvre.	11	Arrond. de Popincourt.
2	—	de la Bourse.	12	— de Reuilly.
3	—	du Temple.	13	— des Gobelins.
4	—	Hôtel-de-Ville.	14	— de l'Observatoire.
5	—	du Panthéon.	15	— de Vaugirard.
6	—	du Luxembourg.	16	— de Passy.
7	—	du Palais-Bourbon	17	— Batign.-Monceau.
8	—	de l'Élysée.	18	— Butte-Montmartre
9	—	de l'Opéra.	19	— Buttes-Chaumont.
10	—	Enclos S.-Laurent	20	— de Ménilmontant.

Commissariats de Police.

1 ARR. — Palais de Justice. — r. Berger, 29. — r. de l'E-
vêque, 13. — r. St-Honoré, 217.

2 » — Rue Méhul, 2. — r. d'Amboise, 2. — r. Montmartre, 142. — r. du Caire, 8.

3 » — Rue Font.-du-Temple, 9. — r. Béranger, 11. — r. V.-
du-Temple, 117. — r. Beaubourg 11.

4 » — Rue de l'Homme-Armé, 7. — r. V.-du-Temple, 20.
— r. Jacques-Cœur, 18. — q. de Béthune, 34.

5 » — Rue Cuvier, 16. — r. Geoff.-St-Hilaire, 5. — r. des
Feuillantines, 78. — r. des Noyers, 37.

6 » — Rue Suger, 11. — r. d'Assas, 53. — blv. Montparnasse, 9. — r. des Sts-Pères, 47.

7 » — Rue de Varennes, 30. — r. Gr.-St-Germain, 198.
— r. Bertrand, 26. — r. Gr.-St-Germain, 176.

8 » — Avenue Montaigne, 99. — r. Ecuries d'Artois, 31.
— r. Cambacérès, 10. — r. Stockholm, 4.

9 » — Rue Clausel, 14. — N.-des-Mathurins, 58. — r. fg
Montm. 33. — r. Bochard-de-Saron, 10.

10 » — Rue d'Alsace, 25. — fg St-Denis, 105. — Pass.-du-
Désir, escal. D. — r. Corbeau, 18.

11 » — Rue de Malte, 6. — r. Rich.-Lenoir, 104. — r. des
Boulets, 38.

12 » — Rue du Rendez-Vous, 38. — fg St-Antoine, 278.
— r. du Charolais, 29. — blv. Mazas, 64.

13 » — Rue Esquirol, 41. — r. Jeanne-d'Arc, 48. — r. du
Moulinet, 40. — r. des Anglaises, 28.

14 Arr. — Rue Delambre, 26. — r. de la Tombe-Issoire, 39.
— r. Boulard, 22. — r. Terrier-aux-Lapins, 39.

15 » — Place Vaugirard. — r. Borromée, 10. — r. du
Marché, 21. — r. St.-Charles, 109.

16 » — Rue Lafontaine, 101. — r. de la Tour, 89. — Av.
d'Eylau, 127. — r. du Dôme, 10.

17 » — Blv. Neuilly, 72. — r. Laugier, 5. — r. Truffaut, 17.
— r. Ganthey.

18 » — Rue de l'Orient, 11. — r. des Acacias, 19. —
r. Marcadet, 4. — r. de la Chapelle, 37.

19 » — Rue de Flandre, 40 et 142. — r. d'Allemagne, 146.
— r. Rébeval, 75.

20 » — Rue Julien-Lacroix, 68. — r. Ménilmontant, 143.
— Gr. Rue de Montreuil, 60.

Musées et Curiosités.

Musées nationaux, direction générale au Louvre.

Musées du Louvre, ouverts au public de 10 h. à 4 h., lundi
excepté.

Musée du Luxembourg,   id.

Musée de l'Ecole des Beaux-Arts, r. Bonaparte, 14, de 10 h. à
4 h., lundi excepté.

Musée des Thermes et de l'hôtel de Cluny, rue du Sommerard,
dimanche de 11 à 4 h. et les autres jours, sauf le lundi, avec
billets.

Musée d'artillerie, pl. St-Thomas d'Aquin, 1, le jeudi de midi
à 4 h.

Musée Algérien, au palais de l'Industrie, porte n° 13, aux Champs-
Elysées, lundi, mercredi, jeudi et vendredi, de midi à 5 h.

Musée des Monnaies et Médailles, q. Conti, 11, mardi et vendredi
de midi à 3 h.

Musée de Versailles, de midi à 4 h., excepté lundi.

Manufacture des Gobelins, av. des Gobelins, 254, mercr. et
samedi avec billets.

Manufacture de Sèvres, tous les jours avec billets, de midi à 4 h.

Muséum d'histoire naturelle, gal. ouv. le dimanche de 1 h. à
4 h., en hiver, et à 5 h. en été; mardi, jeudi et samedi de
11 h. à 2 h. avec passe-port ou billet; mardi et jeudi, de 2 à
4 h. en hiver, et 5 h. en été.

Ménagerie, de 11 heures à 4 h. en hiver; de 11 h. à 5 h. en été.

Jardin zoologique d'acclimatation, au bois de Boulogne.

Galerie des arts et métiers, r. St-Martin, 292, de 10 à 3 h.,
lundi excepté.

Collections de l'Ecole des mines, r. d'Enfer, 30, mardi, jeudi et
samedi, de 11 à 3 h.
Hôtel des Invalides, esplanade des Invalides, lundi de midi à
3 h.; le jeudi on entre muni de billets.

Ministères.

Les ministres et leurs secrétaires généraux accordent des audiences
particulières sur demande écrite indiquant l'objet.
MINISTÈRE DE LA JUSTICE, pl. Vendôme, 13; bureaux, rue du
Luxembourg, 36 (légalisation de midi à 2 h.).
MINISTÈRE DES AFFAIRES ÉTRANGÈRES, r. de l'Université, 130
(passeports, jours non fériés, de 11 à 4 h.).
MINISTÈRE DE L'INTÉRIEUR. — Cabinet du ministre à Ver-
sailles, au château, et à Paris, direct. gén. du personnel, pl.
Beauvais; secrétaire gén., division dép. et comm., r. Camba-
cérès, 7 et 9; comptabilité, prisons, imprimerie, secours, r. de
Varennes, 78 bis; sûreté générale, q. des Orfévres, 26; lignes
télégraphiques, r. Grenelle-St-Germain, 103.
MINISTÈRE DES FINANCES, au Louvre. Le bureau des rensei-
gnements est ouvert de 2 à 4 h.
MINISTÈRE DE LA GUERRE, r. St-Dominique St-Germain, 90;
bureaux, même rue, 86 et 88; enreg. et renseign., mercredi
de 2 à 4 h.
MINISTÈRE DE LA MARINE ET DES COLONIES, r. Royale St-
Honoré, 2.
MINISTÈRE DE L'AGRICULTURE ET DU COMMERCE, hôtel du mi-
nistre, r. de Varennes, 78; bur. r. St-Dominique St-Ger-
main, 60.
MINISTRE DES TRAVAUX PUBLICS, r. St-Dominique St-Ger-
main, 60, 62 et 64.
MINISTÈRE DE L'INSTRUCTION PUBLIQUE ET DES CULTES, r.
Grenelle-St-Germain, 110.

Bibliothèques.

Archives nationales, r. des Fr.-Bourgeois, 60, de 10 h. à 3 h.
Bibliothèque nationale, r. Richelieu, 58, de 10 à 4 h.
Bibliothèque du Louvre, pl. du Palais-Royal (non publique).
Bibliothèque Mazarine, palais de l'Institut, q. Conti, 23, de 10
à 3 h.
Bibliothèque Ste-Geneviève, pl. du Panthéon, de 10 à 3 h. et
de 6 à 10 h.
Bibliothèque de l'Arsenal, rue de Sully, 1, de 10 à 5 h.

Bibl. de l'Université, à la Sorbonne, de 10 à 4 h.
Bibl. ville de Paris, hôtel Carnovalet, r. Sévigné.
Bibl. des Arts-et-Métiers, de 10 à 3 h. lundi excepté.
Bibl. de l'Ecole-de-Médecine (non publique).
Bibl. du Muséum, au Jardin des plantes.
Bibl. du Conserv. de musique, fg Poissonnière, 15.
Bibl. de la Société Asiatique, q. Malaquais, 3 (2ᵉ vendredi du
mois, à 7 h.).
Cabinets littéraires : Passage de l'Opéra, 11. — Passage Jouffroy
— Rue des Saints-Pères, 33. — Rue de Rivoli, 221. — Pas-
sage du Commerce, 7. — Rue des Canettes, 10. — Rue
Soufflot. — Blv Bonne-Nouvelle, 28. — Rue Tournon, 10. —
Passage des Panoramas. — Rue Casimir-Delavigne, 10. —
Saint-Pères, 33. — Sorbonne, 6.

Les Hôpitaux généraux.

HÔTEL-DIEU, pl. du Parvis-Notre-Dame. — HÔPITAL BEAU-
JON, fg Saint-Honoré, 238. — HÔPITAL COCHIN, fg Saint-Jac-
ques, 47. — LA CHARITÉ, rue Jacob, 47. — LA PITIÉ, r. La-
cépède, 1. — HÔPITAL LARIBOISIÈRE, r. Ambroise-Paré. —
HÔPITAL NECKER, rue de Sèvres, 151. — HÔPITAL-SAINT-
ANTOINE, fg St-Antoine, 184.

Les Hôpitaux spéciaux.

ST-LOUIS, r. Bichat, 40 (maladies de la peau). — HÔPITAL DU
MIDI, r. des Capucins St-Jacques, 15 (maladies vénériennes,
pour les hommes). — HÔPITAL DE LOURCINE, 111 (maladies
vénériennes pour les femmes). — HÔPITAL DES CLINIQUES, pl.
de l'Ecole-de-Médecine, 21 (clinique d'accouchement). —
MAISON D'ACCOUCHEMENT, r. du Port-Royal, 5 (femmes en-
ceintes). — HÔPITAL DES ENFANTS MALADES, r. de Sèvres, 149
(enfants malades des deux sexes). — HÔPITAL STE-EUGÉNIE,
fg St-Antoine, 124 (maladies des enfants). — INSTITUTION
DES JEUNES AVEUGLES, blv. des Invalides, 56. — INSTITU-
TION DES SOURDS-MUETS, r. St-Jacques.
Consultations gratuites, tous les jours, de 8 à 10 h. dimanche
excepté.
Entrée publique, le jeudi et le dimanche de 1 à 3 h.

ITINÉRAIRE DES 33 LIGNES D'OMNIBUS

ET

LEURS CORRESPONDANCES DANS PARIS

Feux rouges. **A** Voitures jaunes.

D'AUTEUIL AU PALAIS-ROYAL.

Place de l'Embarcadère, rues d'Auteuil, Lafontaine, de Boulainvilliers, de Passy, place de Passy (*Correspond avec AB*), rues de Passy, Benjamin-Delessert, quai de Billy, au pont de l'Alma (*Correspond avec AD*), cours la Reine à la place de la Concorde (*Correspond avec AC, AF*), rue de Rivoli, place du Palais-Royal (*Correspond avec D, G, H, Q, R, X, Y*).

Feux rouge et vert. **B** Voitures jaunes.

DU TROCADÉRO À LA GARE DE STRASBOURG.

Place du Roi-de-Rome, rue de Chaillot, avenue des Champs-Elysées, 96, à l'angle de la rue de Berry (*Correspond avec C*), rues de Berry, de Ponthieu, de Mac-Mahon, du Faubourg-Saint-Honoré, à Saint-Philippe-du-Roule (*Correspond avec D, R, AB*), rue Abbatucci, boulevard de Malesherbes, 51, (*Correspond avec AF*), rue Saint-Lazare, place du Havre (*Correspond avec F, X*), rues Saint-Lazare, de Châteaudun (*Correspond avec H, I, AC*), rues du Faubourg Montmartre, Lafayette, 79 (*Correspond avec J, T, AC*), rues Papillon, de Paradis, de la Fidélité, boulevard et rue de Strasbourg (*Correspond avec AG, L, AH*).

Feux rouges. **C** Voitures jaunes.

DE L'AVENUE DE NEUILLY AU LOUVRE.

Avenue de Neuilly, avenue de la Grande-Armée, place de l'Etoile, avenue des Champs-Elysées, 96, au coin de la rue de Berry (*Correspond avec B*), place de la Concorde, rues de Rivoli, du Louvre (*Correspond avec G, I, Q, R, S, V*).

NOTA. — Les Champs-Elysées sont interdits : en semaine, de 3 heures à 6 heures ; dimanches et fêtes, de 2 heures à 7 heures.

9

Feux rouges. ⑬ Voitures jaunes.

DES TERNES AU BOULEVARD DES FILLES DU CALVAIRE.

Avenue des Ternes, rond-point des Ternes (*Correspond avec* M), rue du Faubourg-Saint-Honoré, à Saint-Philippe-du-Roule (*Correspond avec* AB, R), rue Royale-Saint-Honoré, 15 (*Correspond avec* AC, AF, AB), boul. de la Madeleine, 27 (*Correspond avec* E, X, AB, AC, AF), rues Duphot, St-Honoré, 155 (*Correspond avec* A, G, H, Q, R, X, Y), rue du Louvre (*Correspond avec* I, S, V), rues Saint-Honoré, du Pont-Neuf, pointe Sainte-Eustache (*Correspond avec* F, J, U), rues Montorgueil, de Turbigo, Réaumur, de Bretagne, des Filles-du-Calvaire, boulevard du Temple, en face du cirque d'hiver (*Correspond avec* E, O, AH).

Feux rouges. **E** Voitures jaunes.

DE LA MADELEINE A LA BASTILLE.

Boulevard de la Madeleine, 27 (*Correspond avec* D, X, AB, AC, AF), boulevards des Capucines, des Italiens, 8 (*Correspond avec* H, AB), boulevards Montmartre, Poissonnière, Bonne-Nouvelle, porte Saint-Denis (*Correspond avec* N, K), boulevard Saint-Denis, porte Saint-Martin (*Correspond avec* L, T, Y, N), boulevard Saint-Martin, place du Château-d'Eau (*Correspond avec* AD, N, AE, AH), boulevard du Temple, en face du cirque d'hiver (*Correspond avec* D, O), boulevards des Filles-du-Calvaire, de Beaumarchais (Bastille) (*Correspond avec* F, P, Q, R, S, Z).

Feux rouges. **F** Voitures brun foncé.

DE MONCEAU A LA BASTILLE.

Boulevard Malesherbes, rues Jouffroy, d'Asnières, 1, de Lévis, de Constantinople, de Rome, Saint-Lazare, place du Havre (*Correspond avec* B, X), rues du Havre, Auber, Scribe, Neuve-Saint-Augustin, des Filles-Saint-Thomas, place de la Bourse (*Correspond avec* AB, I, V), rues Notre-Dame-des-Victoires, rues de Catinat et Croix-des-Petits-Champs, 4 (*Mêmes correspondances que rue Catinat*), rue Coquillière, pointe Sainte-Eustache (*Correspond avec* D, J, U), rue de Rambuteau, 6, (*Correspond avec* T), rues des Francs-Bourgeois, des Vosges, boulevard de Beaumarchais, place de la Bastille et rue Saint-Antoine (*Correspond avec* E, P. Q, R, S, Z, AH).

Feux verts. **G** Voitures brun clair.

DE BATIGNOLLES AU JARDIN DES PLANTES.

Rue de Batignolles, boulevards des Batignolles, de Clichy, 91 (*Correspond avec* H, M), rues de Clichy, Saint-Lazare, de la Chaussée-d'Antin, Louis-le-Grand, Port-Mahon, d'Antin, rue et place du Marché Saint-Honoré, rue Saint-Honoré et place du Palais-Royal (*Correspond avec* A, D, H, Q, R, X, Y), rue de Rivoli, du Louvre (*Correspond avec* C, V, S, I), rues de Rivoli, Saint-Denis, 4 (*Correspond avec* AG, J, S, O, AD, U, R, Q, K); place du Châtelet, quai de Gesvres, pont Notre-Dame, rue de la Cité, le Petit-Pont, quais de Montebello, de la Tournelle, rue de Poissy, boulevard Saint-Germain, 14 (*Correspond avec* I, T, Z), rue du Cardinal-Lemoine, Saint-Victor, Linné, fontaine Cuvier (*Correspond avec* U).

Feux rouges. **H** Voitures jaunes.

DE CLICHY A L'ODÉON.

Avenue de Clichy, boulevard de Clichy, 91 (*Correspond avec* G, M), rues Fontaine, Notre-Dame-de-Lorette, Fléchier, de Châteaudun (*Correspond avec* B, I, AC), rue Le Peletier, boulevard des Italiens, 8 (*Correspond avec* AB, E), rues de Richelieu, Saint-Honoré, 155 (*Correspond avec* A, D, R, Q, X, Y, G), place du Palais-Royal, rue de Rivoli, place du Carrousel, pont et rues des Saint-Pères, Taranne, du Dragon, Croix-Rouge, rue de Grenelle, 4 (*Correspond avec* V, Z, AF), rue du Vieux-Colombier, place Saint-Sulpice, 4 et 8 (*Correspond avec* L, O, AF, Z), rues Saint-Sulpice, de Tournon, de Vaugirard, 18, à l'Odéon.

Feux rouges. **I** Voitures vertes.

DE LA PLACE PIGALLE A LA HALLE AUX VINS.

Place Pigalle, boul. de Clichy, 15 (*Correspond avec* M), rues des Martyrs, Fléchier, de Châteaudun (*Correspond avec* B, H), rue du Faub.-Montmartre, Drouot, Richelieu, de la Bourse, place de la Bourse (*Correspond avec* AB, F, V), rue Vivienne, Nve-des-Petits-Champs, de la Feuillade, place des Victoires, Croix-des-Petits-Champs, 45 (*Correspond avec* N, F, V), rue Saint-Honoré, du Louvre (*Correspond avec* C, D, G, R, S, Q), rues Saint-Honoré, de l'Arbre-Sec, de Rivoli, du Pont-Neuf, quai des Orfévres, pont Saint-Michel, place Saint-Michel, 2 (*Correspond avec* AG, J, L, K), quai Saint-Michel, quai de Montelello, rue du Haut-Pavé, place Maubert, boulevard Saint-Germain, 14 (*Correspond avec* Z, U, T, G).

Feux rouges. **J** Voitures jaunes.

DU BOULEVARD ROCHECHOUART A LA GLACIÈRE.

Boulevard Rochechouart (*Correspond avec* M, AH), rue Rochechouart, Mayran, de Lafayette, 70 (*Correspond avec* B, T, AC), rues de Trévise, Geoffroy-Marie, du Faubourg-Montmartre, Montmartre, pointe Saint-Eustache (*Correspond avec* D, F, U), les Halles centrales, rues des Halles, Saint-Denis, 4 (*Correspond avec* AD, AG, G, K, O, Q, R, S, U), place du Châtelet, Pont-au-Change, boulevard du Palais, pont Saint-Michel, place Saint-Michel, 2 (*Correspond avec* AG, I, L), boulevard Saint-Michel, 21 (*Correspond avec* K, Z, AG), rue Soufflot, 18 (*Correspond avec* AF), rues Saint-Jacques, du Faubourg-Saint-Jacques, boulevards Saint-Jacques, d'Italie.

Feux vert et rouge. **K** Voitures jaunes.

DE LA CHAPELLE AU COLLÉGE DE FRANCE.

Rue de la Chapelle, 13 (*Correspond avec* M), rue du Faubourg-Saint-Denis, de Dunkerque, boulevard de Denain, 7 (*Correspond avec* AC, AH, V), boulevard de Magenta, rue du Faubourg-Saint-Denis, porte Saint-Denis (*Correspond avec* E, N, T), rue Saint-Denis, 4 (*Correspond avec* AD, AG, G, J, O, Q, R, S, U), place du Châtelet, pont au Change, boulevard du Palais, pont Saint-Michel, place Saint-Michel, 2 (*Correspond avec* I, L), boulevard Saint-Michel, 21 (*Correspond avec* Z, J, AG), rue des Écoles.

Feux rouges. **L** Voitures jaunes.

DE LA VILLETTE A SAINT-SULPICE.

Rue de Flandre, boulevard de La Villette (*Correspond avec* M, AC), rues de Lafayette, du Faubourg-Saint-Martin, de Strasbourg (*Correspond avec* AG, B, AH), porte Saint-Martin (*Correspond avec* E, AE, N, T, Y), rue Saint-Martin, pont Notre-Dame, rue de la Cité, Petit-Pont, quai Saint-Michel, place Saint-Michel, 2 (*Correspond avec* AG, I, J, K), boulevard Saint-André, rues Saint-André-des-Arts, de Bucy, de Seine, Saint-Sulpice, place Saint-Sulpice (*Correspond avec* O, AF, H, Z).

Feux vert et rouge. **M** Voitures jaunes.

DE BELLEVILLE AUX TERNES.

Boulevard de La Villette, vis-à-vis le n° 5, boulevard de La Villette, 200 (*Correspond avec* AC, I), boulevard de La Chapelle, rue de la Chapelle, 9 (*Correspond avec* K), rue de Jessaint, place Jessaint, boulevard de La Chapelle, boulevard Rochechouar (*Correspond avec* J, AH), boulevard de Clichy, 17, place Pigall (*Correspond avec* I), boulevard de Clichy, 91 (*Correspond avec* G H), boulev rds des Batignolles, de Courcelles, 29 (*Correspond avec* AF), rond-point des Ternes (*Correspond avec* D).

Feux rouges. **N** Voitures vertes.

DE BELLEVILLE A LA PLACE DES VICTOIRES.

Rue de Paris, 25 (*voitures pour l'église de Belleville*), rue du Faubourg-du-Temple, place du Château-d'Eau (*Correspond avec* AE, AB, E, AH), boulevard Saint-Martin, rue de Bondy, porte Saint-Martin (*Correspond avec* AE, L, T, Y), boulevard Saint-Denis, porte Saint-Denis (*Correspond avec* E, T, K), rues Saint-Denis, d'Aboukir, place des Victoires, rue Croix-des-Petits-Champs, 45 (*Correspond avec* F, I, V), rues de la Vrillère, Catinat (*Correspond avec* F, I, V).

NOTA. — Au retour sur Belleville, les voitures suivent la rue Catinat et la place des Victoires.

Feux rouge et vert. **O** Voitures vertes.

DE MENILMONTANT A LA CHAUSSÉE DU MAINE.

Rue Oberkampf, boulevard du Temple, vis-à-vis le cirque d'hiver (*Correspond avec* E, D, AH), rues Commines, Froissart, Vieille-du-Temple, de Rivoli, 50, angle de la rue des Deux-Portes (*Correspond avec* T), boulevard de Sébastopol, 3, près la place du Châtelet (*Correspond avec* AG, G, J, K, Q, R, S, U, AD), place du Châtelet, quai de la Mégisserie, rue Dauphine, rue de l'Ancienne-Comédie, carrefour de l'Odéon, rue Saint-Sulpice, place Saint-Sulpice (*Correspond avec* AF, H, L, Z), rues Bonaparte, de Vaugirard, de Rennes, boulevard et rue du Montparnasse, de la Gaîté, chaussée du Maine.

Feux rouges. **P** Voitures jaunes.

DE CHARONNE A LA BARRIÈRE FONTAINEBLEAU.

Rue de Bagnolet, boulevards de Charonne, de Ménilmontant,

rue de la Roquette, à l'angle du boulevard Voltaire, 130 (*Correspond avec AE*), place de la Bastille (*Correspond avec E, F, Q, R, S, Z, AH*), boulevard Contrescarpe, place Mazas, pont d'Austerlitz (*Correspond avec T*), boulevard de l'Hôpital, place d'Italie (*Correspond avec U*).

| Feux rouges. | **Q** | Voitures jaunes. |

DE LA PLACE DU TRONE AU PALAIS-ROYAL.

Place du Trône (*Correspond avec AE*), faubourg Saint-Antoine, Place de la Bastille, boulevard de Beaumarchais (*Correspond avec E, F, P, R, Z, AH*), rues Saint-Antoine, du Petit-Musc, quais des Célestins, de l'Hôtel-de-Ville, de Gesvre, place du Châtelet, boulevard de Sébastopol, 3 (*Correspond avec AG, G, AD, J, K, O, U*), rues de Rivoli, Saint-Denis, quais de la Mégisserie, de l'Ecole, rue du Louvre (*Correspond avec V, C, 1*), rue de Rivoli, place du Palais-Royal (*Correspond avec A, D, H, G, B, X, Y*).

| Feux violet et rouge. | **R** | Voitures vertes. |

BARRIÈRE DE CHARENTON A SAINT-PHILIPPE-DU-ROULE.

Rue de Charenton, place de la Bastille (*Correspond avec E, P, Q, F, S, Z, AH*), rues Saint-Antoine, de Rivoli, angle de la rue des Deux-Portes-Saint-Jean (*Correspond avec T*), rue de la Coutellerie, avenue Victoria, place du Châtelet, boulevard de Sébastopol, 3 (*Correspond avec AD, AG, G, J, K, O, U*), rues de Rivoli, du Louvre (*Correspond avec C, S, V, I*), rue Saint-Honoré, place du Palais-Royal et rue Saint-Honoré, 155 (*Correspond avec A, D, G, H, Q, X, Y*), rues de Rohan, de Rivoli, Royale-Saint-Honoré, 15 (*Correspond avec AB, AF, AC*), rue du Faubourg-Saint-Honoré, place Beauveau, rue du Faubourg-Saint-Honoré à Saint-Philippe-du-Roule (*Correspond avec AB, D, B*).

| Feux rouge et blanc. | **S** | Voitures jaunes. |

DE BERCY AU LOUVRE.

Quais de Bercy, de la Rapée, boulevard Mazas, rue de Lyon, place de la Bastille (*Correspond avec E, F, P, Q, R, Z, AH*), rues Saint-Antoine, de Rivoli, des Deux-Portes (*Correspond avec T*), rues de Rivoli, de la Coutellerie, avenue Victoria, boulevard de Sébastopol, 3 (*Correspond avec G, J, K, O, U, AD, AG*), rues de Rivoli, du Louvre (*Correspond avec C, D, G, I, R, V*).

Feux rouges. **T** Voitures jaunes.

DE LA GARE D'IVRY AU SQUARE MONTHOLON.

Quais de la gare d'Ivry, d'Austerlitz, place Walhubert, à la sortie du pont d'Austerlitz (*Correspond avec* P), quai Saint-Bernard, boulevard Saint-Germain, 14 (*Correspond avec* G, I, U, Z), rue du Cardinal-Lemoine, pont de la Tournelle, rue des Deux-Ponts, pont Marie, quai de l'Hôtel-de-Ville, rues du Pont-Louis-Philippe, Vieille-du-Temple, de Rivoli, 50, des Deux-Portes (*Correspond avec* O, R, S), rues de la Verrerie, du Temple, de Rambuteau, 36 (*Correspond avec* F), rue Saint-Martin, porte Saint-Martin (*Correspond avec* AE, E, L, N, Y), boulevard Saint-Denis, porte Saint-Denis (*Correspond avec* K, N), rues du Faubourg-Saint-Denis, de Paradis, Bleue, de Trévise, de Lafayette, 70, square Montholon (*Correspond avec* B, J, AC).

Cette ligne correspond avec les voitures faisant le service de la Gare au pont Napoléon, dimanches et fêtes exceptés, et moyennant supplément de prix jusqu'à Ivry.

Feux vert et rouge. **U** Voitures jaunes.

DE BICÊTRE À LA POINTE SAINT-EUSTACHE.

Bicêtre, porte d'Italie, avenue d'Italie, place d'Italie, 10 (*Correspond avec* P), avenue des Gobelins, rues du Fer-à-Moulin, Geoffroy-Saint-Hilaire, Linné, 2, fontaine Cuvier (*Correspond avec* G), rues Linné, de Jussieu, du Cardinal-Lemoine, boulevard Saint Germain, 14 (*Correspond avec* I, T, Z), pont de l'Archevêché, place de l'Archevêché, quai Napoléon, pont d'Arcole, place de l'Hôtel-de-Ville, avenue Victoria, place du Châtelet, rue Saint-Denis, 4 (*Correspond avec* G, J, K, O, Q, R, S, AD, AG), rues de Rivoli, des Halles, place et rue Sainte-Opportune, rues Pierre-Lescot, de Rambuteau, pointe Saint-Eustache (*Correspond avec* D, J, F).

Feux vert et rouge. **V** Voitures brun clair.

DE LA PLACE DU MAINE AU CHEMIN DE FER DU NORD.

Place du Maine, avenue du Maine, rues du Cherche-Midi, Saint-Placide, de Sèvres, 55 (*Correspond avec* X), rue de Sèvres, Croix-Rouge, rue de Grenelle, 4 (*Correspond avec* H, Z, AF), rues du Dragon, Taranne, Bonaparte, quai de Conti, quai et rue du Louvre (*Correspond avec* C, G, Q, R, S, D), rues Saint-Honoré,

Croix-des-Petits-Champs, 45 (*Correspond avec* I, F, N), place des Victoires, rues de Lafeuillade, de la Banque, place de la Bourse (*Correspond avec* F, I, AB), rue Vivienne, boulevard Montmartre, faubourg Montmartre, rues Bergère, du Faubourg-Poissonnière, de Lafayette, boulevard de Denain, chemin de fer du Nord (*Correspond avec* KAC, AH).

Feux vert et rouge.   **X**   Voitures jaunes.

DE VAUGIRARD A LA PLACE DU HAVRE.

Rues de Vaugirard, Beuret, Cambronne, Lecourbe, de Sèvres, 55 (*Correspond avec* V), rues du Bac, de Grenelle, 69 (*Correspond avec* Z, AF), rue du Bac, le Pont-Royal, quai des Tuileries, place du Carrousel, rue de Rivoli, place du Palais-Royal (*Correspond avec* A, D, G, H, Q, R, Y), rues Saint-Honoré, de Richelieu, Neuve-des-Petits-Champs, Neuve-des-Capucines, boulevard de la Madeleine, 27 (*Correspond avec* D, E, AB, AC, AF), rue Tronchet, rue du Havre, place du Havre (*Correspond avec* P, F).

Feux rouge et blanc.   **Y**   Voitures brun clair.

DE GRENELLE A LA PORTE SAINT-MARTIN.

Rues du Théâtre, du Commerce (*Voitures pour l'avenue Saint-Charles*), le Champ-de-Mars, avenue de Lamotte-Piquet (*Correspond avec* Z), rues Cler, Saint-Dominique, 75 (*Correspond avec* AF, AD), rue du Bac, Pont-Royal, quai des Tuileries, place du Carrousel, rue de Rivoli, place du Palais-Royal (*Correspond avec* A, D, G, H, Q, R, X), rues Saint-Honoré, Jean-Jacques-Rousseau, Montmartre, Poissonnière, boulevard Bonne-Nouvelle, porte Saint-Denis, boulevard Saint-Denis, porte Saint-Martin (*Correspond avec* E, L, N, T, AE).

Feux verts.   **Z**   Voitures brun clair.

DE GRENELLE A LA BASTILLE.

Place Cambronne, avenues de Lowendall, de Lamotte-Piquet (*Correspond avec* Y), esplanade des Invalides, rue de Grenelle-Saint-Germain, 69 (*Correspond avec* X, AF), rue Grenelle, 4 (*Correspond avec* H, V), carrefour de la Croix-Rouge, rues du Four, Bonaparte, place Saint-Sulpice (*Correspond avec* H, L, F, O, AF), rues Saint-Sulpice, de Seine, des Quatre-Vents, carrefour de l'Odéon, rue de l'Ecole-de-Médecine, boulevard Saint-Michel, 21 (*Correspond avec* J, K, AG), boulevard Saint-Germain, 14 (*Correspond avec* G, T, U, I), rue du Cardinal-Lemoine, pont de la

Tournelle, rue des Deux-Ponts, Pont-Marie, rues des Nonnains-d'Huyères, de Fourcy, Saint-Antoine, place de la Bastille (Correspond avec E, F, P, Q, R, S, AH).

Feux verts. **AB** Voitures vertes.

DE PASSY A LA PLACE DE LA BOURSE.

Place de Passy (Correspond avec A), rues de Passy, de la Pompe, avenue d'Eylau, place de l'Etoile, avenue de Friedland, rue du Faubourg-Saint-Honoré à Saint-Philippe-du-Roule (Correspond avec B, D, R) rue Royale-Saint-Honoré, 15 (Correspond avec AF, AC, R), boulevard de la Madeleine, 27 (Correspond avec D, E, X, AC, AF), boulevards des Capucines, des Italiens, 8 (Correspond avec H, E), rue Vivienne, place de la Bourse (Correspond avec F, I, V).

Feux rouge et vert. **AC** Voitures vertes.

DE LA PETITE-VILLETTE AUX CHAMPS-ÉLYSÉES.

Rue d'Allemagne, 76, boulevard de la Villette (Correspond avec B, M), rues du faubourg Saint-Martin, de Lafayette, de Dunkerque, boulevard de Denain, 7 (Correspond avec K, V, AH), rue de Lafayette, 79 (Correspond avec B, J, T), rue de Lafayette, rue de Châteaudun (Correspond avec H, I, B), rue de Lafayette, rue de la Chaussée-d'Antin, boulevards des Capucines, de la Madeleine, 27 (Correspond avec D, E, X, AB, AF), rue Royale-Saint-Honoré, 15 (Correspond avec D, R, AB, AF), place de la Concorde, cours la Reine (Correspond avec A, AF, voie ferrée de Boulogne et Sèvres.)

Feux verts. **AD** Voitures vertes.

DU CHÂTEAU-D'EAU AU PONT DE L'ALMA.

Place du Château d'Eau (Correspond avec E, N, AE, AH), rues du Temple, de Rivoli, Saint-Denis, 4 (Correspond avec G, J, K, O, Q, R, S, U, AG), place du Châtelet, quai de la Mégisserie, rues Dauphine, de Buci, de Seine, Jacob, de l'Université, de Bellechasse, Saint-Dominique, 75 (Correspond avec Y, AF), rues de Bourgogne, de l'Université, avenue Bosquet, pont de l'Alma (Correspond avec A, voie ferrée de Boulogne et Sèvres).

Feux verts. **AE** Voitures vertes.

DE L'AVENUE DE VINCENNES AUX ARTS-ET-MÉTIERS.

Avenue, porte et cours de Vincennes, place du Trône (Correspond avec Q), boulevard Voltaire, 130 (*Correspond avec* P), boulevard Voltaire, place du Château-d'Eau (*Correspond avec* N, E, AD, AH), boulevard Saint-Martin, porte St-Martin (*Correspond avec* L, N, T, Y), rue Saint-Martin, Sainte-Apolline, boulevard de Sébastopol, square des Arts-et-Métiers (*Correspond avec* AG).

Feux rouges. **AF** Voitures vertes.

DU PANTHÉON A LA PLACE DE COURCELLES.

Place du Panthéon, rue Soufflot, 18 (*Correspond avec* J), rue Monsieur-le-Prince, carrefour de l'Odéon, rue Saint-Sulpice, place Saint-Sulpice, 8 (*Correspond avec* H, L, O, Z), rue du Vieux-Colombier, carrefour de la Croix-Rouge, rue de Grenelle, 4 (*Correspond avec* V), rue de Grenelle, 69 (*Correspond avec* X, Z), rues de Bellechasse, Saint-Dominique, 75 (*Correspond avec* Y, AD), place du Palais-Bourbon, rue de Bourgogne, pont de la Concorde, place de la Concorde, cours la Reine (*Correspond avec* AC, A, voie ferrée de Boulogne et Sèvres, dimanches et fêtes exceptés), rue Royale-Saint-Honoré, 15 (*Correspond avec* D, R, AB, AC), boulevard de la Madeleine, 27 (*Correspond avec* D, E, X, AB, AC), boulevard de la Madeleine, rue Chauveau-Lagarde, boulevard de Malesherbes, 51 (*Correspond avec* B), boulevard de Courcelles, 20 (*Correspond avec* M), boulevard de Neuilly, place Pereire.

Feux rouges. **AG** Voitures brun foncé.

DE MONTROUGE AU CHEMIN DE FER DE L'EST.

Avenue d'Orléans, rue d'Enfer, boulevard St-Michel 21, (*Correspond avec* J, K, Z), place Saint-Michel, 2 (*Correspond avec* I, J, L), pont Saint-Michel, boulevard du Palais, Pont-au-Change, place du Châtelet, boulevard de Sébastopol, 3 (*Correspond avec* G, J, K, O, Q, R, S, T, U, AD), square des Arts-et-Métiers (*Correspond avec* AE), boulevard de Strasbourg (*Correspond avec* B, L, AH).

Feux oranges. **AH** Voitures vertes.

DE MONTMARTRE A LA BASTILLE.

Rue Ramey, rue de Clignancourt, boulevard Rochechouart (*Correspond avec* J, M), boulevard de Magenta, rue de Dunkerque, boulevard de Denain, 7 (*Correspond avec* K, V, AG), boulevard de Magenta, rue de Strasbourg, boulevard de Strasbourg (*Correspond avec* B, L, AG), boulevard de Magenta, place du Château-d'Eau (*Correspond avec* E, N, AD, AE), boulevard du Temple, boulevard des Filles-du-Calvaire, boulevard de Beaumarchais, place de la Bastille (*Correspond avec* F, P, R, S, Q, Z).

OMNIBUS SUR RAILS (VOIE FERRÉE)

Voitures vertes

DE LA PLACE DU PALAIS-ROYAL AU ROND-POINT DE BOULOGNE, A SAINT-CLOUD ET A SÈVRES.

Rue de Rivoli, place de la Concorde, quai de la Conférence (*Correspond avec* AF, AC), quai de la Conférence (*Correspond avec* AD), quai de Billy, quai de Passy, route de Versailles, route de la Reine.

Ces correspondances ont lieu tous les jours, excepté les dimanches et fêtes, et moyennant un suppl. de prix de 15 cent.

Chemins de fer.

OUEST. — Administration et embarcadère de Normandie, r. St-Lazare, 110, et rue d'Amsterdam, 1 à 17.; — Embarcadère de Bretagne, blv. Montparnasse, 44. — Bureaux de ville : rue de l'Echiquier, 27, et blv. Bonne-Nouvelle ; rue Quatre-Fils, 10 ; rue Boulol, 7 et 9 ; rue Palestro, 7 ; pl. St-André-des-Arts, 9 ; pl. de la Bastille (gare du chemin de fer de Vincennes). — Bureau spécial pour l'exportation : rue de l'Echiquier, 27, et à la Douane.

ORLÉANS. — Administration et embarcadère, q. d'Austerlitz ; pl. Valhubert. — Conseil d'administration et titres, rue de Londres, 8. — Bureau central d'expédition, voyageurs et marchandises, r. St-Honoré, 130, et r. J.-J. Rousseau, 18. — Bureaux succursales, voyageurs, messageries et marchandises, r. N.-D.-des-Victoires, 28 ; rue de Londres, 8 ; rue Le Peletier, 5 ; r. N.-D.-de-Nazareth, 30 ; r. de Babylone, 7 ; place St-Sulpice, 6 ; pl. de la Madeleine, 7. — Bureaux de factage, r. Coq-Héron, 17 ; blv. Sébastopol, 34 ; rue Chabrol, 53.

Section de Paris à Sceaux et Orsay, barrière d'Enfer.

PARIS A LYON ET A LA MÉDITERRANÉE. — Embarcadère, blv. Mazas. — Direction générale, rue Laffitte, 17. — Titres et comptabilité, r. Neuve-des-Mathurins, 44. — Service comm. blv. Mazas, 4. — Bureaux : rue Rambuteau, 6 (bureau central); rue Coq-Héron, 6; rue Bonaparte, 59; rue St-Lazare, 102; blv. Strasbourg, 5 et 7.

Est. — Administration et embarcadère, pl. Strasbourg. — Bureaux de ville : rue de Bouloi, 9; blv. Sébastopol, 34; rue Quincampoix, 47 et 49; pl. de la Bastille (gare); pl. St-Sulpice, 6; rue Basse-du-Rampart, 50.

Ligne de Paris à Vincennes, place de la Bastille.

Nord. — Administration et embarcadère, r. Dunkerque, 18. — Bureau central, r. du Bouloi, 13. — Omnibus spéciaux, rue de l'Arcade, 17; rue Bonaparte, 59; pl. de la Bourse, 6; r. St-Honoré, 211; rue de Rivoli, 166, 168 et 228; r. St-Martin, 326; blv. des Capucines, Grand-Hôtel; r. Aubry-le-Boucher, 24; r. St-Honoré, 223.

Midi. — Administration, pl. Vendôme, 15. — Embarcadère, q. d'Austerlitz. — Bureau central, r. St-Honoré, 130, r. J.J. Rousseau, 18, et rue N.-D.-des Victoires, 28.

Ceinture.— Administration, rue d'Amsterdam, 1 et 3.

Voitures de place et de remise.

Tarif maximum dans l'intérieur de Paris, *le jour*, de 5 h. matin été, 7 h. hiver, à minuit 30 minutes. *La nuit*, de minuit 30 à 6 h. m. été et 7 hiver.

VOITURES DE PLACE A 4 PLACES ET A GALERIE.

La course, le jour 1 fr. 85; la nuit 2 50.

L'heure, — 2 fr. 50; — 3 »

VOITURES DE REMISE A 2 ET 4 PLACES.

2 pl. Prises au remisage : la course, le jour 1 fr. 80; la nuit 3 fr.

L'heure, — 2 fr. 25; — 3 »

Prises sur la voie publique :

La course, — 1 fr. 50 — 2 25

L'heure, — 2 fr. 50 — 3 »

3 pl. Au remisage : La course, — 2 fr. » — 3 »

L'heure, — 2 fr. 50 — 5 »

Sur la voie publique : La course, — 1 fr. 70 — 2 50

L'heure, — 2 fr. 25 — 2 75

Tarif maximum au delà des fortifications, de 6 h. à minuit, été; de 6 h. à 10 h. soir, hiver.

Voitures de pl. à 4 pl., la course ou l'heure 2 fr. 75

Indemnité de retour, 1 fr. »

Voitures de remise à 2 et 4 pl. au remisage, la course ou l'heure, 3 fr. »

Indemnité de retour, 2 fr. »

Prises sur la voie publique, la course ou
l'heure, 2 fr. 50 et 2 75
Indemnité de retour, 1 fr.
Bagages : 25 c. par colis; au-dessus de 3 colis, sans augmentation,

Télégraphie.

Direction des lignes télégraphiques, r. Grenelle Saint-Germain, 103.

1 Arr. Bureaux : r. J.-J.-Rousseau, 53. — Av. du Théâtre-Français. — Pl. Vendôme, 15 (6 h. soir).
2 » Pl. de la Bourse, 12. (jour et nuit). — R. des Halles-Centrales, 22.
3 » Pl. du Château-d'Eau (minuit). — R. des Vieilles-Haudriettes, 6.
4 » Rue de Rivoli, 17 (minuit).
5 » Pl. St-Michel, 6. — Blv. St-Germain, 14. — R. Santeuil (Halle aux Cuirs).
6 » Rue des Sts-Pères, 31. — R. Vaugirard (Luxemb.) (minuit). — R. de Rennes, 151.
7 » Rue Gr. St-Germain, 103 (nuit). — R. Bertrand, 24. — Ecole-Militaire.
8 » Rue de St-Pétersbourg, 51. — Av. Ch.-Elysées, 33 (minuit). — Bl. Malesherbes, 4. — R. St-Lazare, 126. — R. Boissy-d'Anglas, 3.
9 » Blv. des Capucines (hôtel), (minuit et demi). — R. Lafayette, 35. — R. Ste-Cécile, 2.
10 » Pl. Roubaix, 21 (minuit). — R. de Strasbourg, 8. — Blv. St-Denis, 16.
11 » Blv. Voltaire, 134 et 283.
12 » Rue de Lyon, 57 (minuit). — R. de Mâcon, 2.
13 » Q. d'Austerlitz (gare d'Orléans), (minuit). — Route d'Italie, 6.
14 » Route d'Orléans, 8, à Montrouge.
15 » Rue du Théâtre, 70, à Grenelle. — Grande-Rue, 80, à Vaugirard.
16 » Grande-Rue, 10, à Auteuil. — Pl. de la Mairie, 4, à Passy.
17 » Av. de Clichy, 73. — Blv. Courcelles, 88. — Av. de la Gr.-Armée, 80.
18 » Blv. Rochechouart, 84. — R. du Mont-Cenis, 69 — Grande-Rue, 102, Chapelle.
19 » Rue de Flandre, 43. — R. d'Allemagne, 211.

20 Arr. Rue de Puébla, 113 à Belleville.
Les bureaux qui n'ont pas d'indication spéciale ferment à 9 h. soir.

Mont-de-Piété.

Direction, r. Francs-Bourgeois, 55. — Succursales, r. Bonaparte, 16 et rue Servan, 2. — Bureau A, rue de Laborde, 13; bureau B, r. des Fossés-St-Jacques, 11. — Bureau C, rue du fg Montmartre, 57. — Bureau D, r. de l'Echiquier, 6. — Bureau E, r. de Malte, 36. — Bureau F, r. du fg St-Antoine, 49. — Bureau G, r. St-Séverin, 2. — Bureau H, r. du Vieux-Colombier, 31. — Bureau I, chaussée du Maine, 87. — Bureau J, blv. de la Reine-Hortense, 18. — Bureau K, r. St-Honoré, 181. — Bureau L, rue Chabanais, 2. — Bureau M, rue du Mail, 34. — Bureau N, rue Sauval, 16. — Bureau O, rue des Artistes (Passy). — Bureau P, r. du Vert-Bois. — Bureau R, r. du fg St-Martin, 122. — Bureau S, r. du fg du Temple, 80. — Bureau T, Grande-Rue, 51 (Batignolles). — Bureau U, r. de Buffon, 59. — Bureau V, r. Roussin, 83. — Bureau X, r. de Charenton, 241 (Bercy). — Bureau Y, Grande-Rue de la Chapelle, 37. — Bureau Z, r. Nve Fontaine St-Georges, 4.

Caisse d'épargne, r. Coq-Héron, 9.
Succursales dans toutes les mairies, excepté le 1er et 2e arr.

Théâtres, Concerts et Bals.

L'Opéra, r. Le Peletier, 12, lundi, mercredi, vendredi et dimanche.
Le Théâtre-Français, r. de Richelieu. Tous les jours. Jeudi et dimanche, répertoire classique.
Les Italiens, r. Dalayrac, mardi, jeudi et samedi. — Opéra-Comique, pl. Boïeldieu, tous les jours. — L'Odéon, pl. de l'Odéon, tous les jours; vendredi, répertoire classique. — Le théâtre du Châtelet, tous les jours. — Le Gymnase, blv. Bonne-Nouvelle. — Le Vaudeville, r. de la Chaussée-d'Antin, 1. — Les Variétés, blv. Montmartre. — La Gaîté, rue Papin; les dimanches à 4 1/2, matinées littéraires de M. Ballande (très-suivies). — Le Palais-Royal, r. de Montpensier. — L'Ambigu-Comique, blv. St-Martin, 2. — Folies-Dramatiques, r. de Bondy, 40. — Bouffes-Parisiens, pass. Choiseul, 65. — Th. de Cluny, blv. St-Germain, 71. — Th. de la Renaissance, porte St-Martin, prochainement l'ouverture. — Le Cirque

d'été, aux Champs-Elysées. — Le Cirque national, blv. du Temple. Tous ces théâtres jouent tous les jours.

CONCERTS. Dimanche à 2 h. au Cirque national et au Châtelet.

CAFÉS-CONCERTS : Eldorado, blv. Strasbourg, 4. — Alcazar, fg Poissonnière, 10. — Folies-Bergère, r. Richer, 30. — Bataclan, blv. Voltaire, 50. — XIX° Siècle, fg St-Denis, 60. — Gr. Concert Parisien, fg St-Denis, 37.

BALS : Casino, r. Cadet, 16, lundi, mercredi et vendredi, bal ; les autres jours, concert-promenade. — Jardin Mabille, av. Montaigne, 87 (en été). — Closerie des Lilas, carr. de l'Observatoire, lundi, jeudi et dimanche. — Château-Rouge, ch. Clignancourt, 44. — Valentino, r. St-Honoré, 251. — Tivoli-Wauxhall, r. Douane, 12. — Elysée-Montmartre, blv. Rochechouard, 80. — Pré-aux-Clercs, r. du Bac, 85. — Reine-Blanche, blv. Clichy, 88. — Bals masqués : à l'Opéra et au Châtelet, le samedi, à la Closerie, le mardi.

Banques de crédit.

Banque de France, r. de la Vrillière, 1. — Comptoir d'Escompte de Paris, r. Bergère, 14. — Crédit Foncier de France, r. Nve-des-Capucines, 17. — Société générale, r. de Provence, 54. — Crédit mobilier, pl. Vendôme, 15. — Crédit industriel et commercial, r. de la Victoire, 72. — Crédit mobilier espagnol, blv. Haussmann, 73. — Banque impériale ottomane, blv. Haussmann, 68. — Crédit foncier suisse, r. Scribe, 3. — Crédit lyonnais, blv. des Capucines, 6.

Ambassades et Consulats.

ALLEMAGNE, r. de Lille, 78.

ANGLETERRE, r. du fg St-Honoré, 39 ; de 10 h. à 3 h.

ARGENTINE (rép.), r. de Berlin, 6 ; de 1 h. à 3 h.

AUTRICHE, r. de l'Elysée, 2 ; de 1 h. à 3 h. Consul., r. Laffitte, 19.

BAVIÈRE, r. de Berri, 5 ; de midi à 2 h.

BELGIQUE, fg St-Honoré, 153 ; de midi à 2 h.

BOLIVIE (rép.), r. de la Rochefoucauld, 28.

BRÉSIL, r. de Téhéran, 13 ; de midi à 3 h. Consul., r. de Ponthièvre, 12.

CHILI, r. Vézelay, 7. Consul., r. Laval, 26.

COLOMBIE (Etats-Unis de la), r. du Luxembourg, 3.

CONFÉDÉRATION ARGENTINE, r. Richer, 15. Consul., pl. de la Bourse, 4.

DANEMARK, r. de l'Université, 87. Cons., r. Hauteville, 53.
DOMINICAINE (rép.), fg Poissonnière, 177.
ÉQUATEUR (rép. de l'), blv. de Strasbourg, 19.
ESPAGNE, q. d'Orsay, 25; de 1 h. à 4. Cons., r. Ponthieu, 70.
ÉTATS-UNIS D'AMÉRIQUE, av. Uhrich, 75. Cons., r. Château-
    dun, 55.
GRÈCE, r. Vézelay, 9. Consul., r. Taitbout, 20.
GUATÉMALA, r. Labruyère, 51. Cons., r. Sentier, 12.
HAÏTI, r. de Berri, 14.
HAASINE, av. de la Reine-Hortense, 13.
HONDURAS (rép.), r. Decamps, 27; Cons., blv. Sébast., 18.
ITALIE, av. Ch.-Elysées, 6; de 1 h. à 3 h. Consul., r. Boissy-
    d'Anglas, 45.
JAPON, av. de la Reine-Hortense, 26.
MONACO, Cours-la-Reine, 20.
NICARAGUA (rép.), av. Gabriel, 44.
PARAGUAY (rép.), blv. Malesherbes, 11. Cons., r. Laffitte, 18.
PAYS-BAS, r. Montaigne, 9; de midi à 2 h.
PÉROU (rép.), Grand-Hôtel de 1 à 3 h. Consul., r. Milan, 11.
PERSE, av. Joséphine, 65. Consul., r. de Londres, 17.
PORTUGAL, av. d'Iéna, 11. Consul., r. Copenhague, 10.
ROUMANIE, r. d'Argenson, 1.
RUSSIE, r. Grenelle-St-Germain, 79; de midi à 2 h.
SAINT-SIÉGE, r. St-Dominique-St-Germain, 102.
SAN-SALVADOR, av. de l'Empereur, 88.
SAN-MARINO (rép.), Cours-la-Reine, 20; de midi à 3 h.
SIAM, r. d'Amsterdam, 13.
SUÈDE ET NORVÉGE, r. Rovigo, 22. Consul., r. Chaillot, 90.
SUISSE (Confédération), r. Blanche, 3.
TURQUIE, av. Joséphine, 63. Consul., r. de la Victoire, 08, de
    midi à 3 h.
URUGUAY (rép.), blv. Haussmann, 168.
VÉNÉZUELA (Etats-Unis de), fg Poissonnière, 82.

TABLEAU

DES 33 LIGNES DU NOUVEAU RÉSEAU DES OMNIBUS

A d'AUTEUIL au PALAIS-ROYAL.
B du TROCADÉRO à la GARE DE l'EST.
C de l'AVENUE DE NEUILLY au LOUVRE.
D des TERNES au boulevard des FILLES-DU-CALVAIRE.
E de la MADELEINE à la BASTILLE.
F de BATIGNOLLES-MONCEAU à la BASTILLE.
G de BATIGNOLLES au JARDIN DES PLANTES.
H de BATIGNOLLES-CLICHY à l'ODÉON.
I de la PLACE PIGALLE à la HALLE AUX VINS.
J de ROCHECHOUART à la GLACIÈRE.
K de LA CHAPELLE au COLLÉGE DE FRANCE.
L de LA VILLETTE à la PLACE SAINT-SULPICE.
M de BELLEVILLE aux TERNES.
N de BELLEVILLE à la PLACE DES VICTOIRES.
O de MÉNILMONTANT à la CHAUSSÉE DU MAINE.
P de CHARONNE à la PLACE D'ITALIE.
Q de la PLACE DU TRONE au PALAIS-ROYAL.
R de l'ex-barrière de CHARENTON au ROULE.
S de BERCY au LOUVRE.
T de la GARE D'IVRY au SQUARE MONTHOLON.
U de BICÊTRE à la POINTE SAINT-EUSTACHE.
V de la PLACE DU MAINE au CHEMIN DE FER DU NORD.
X de VAUGIRARD à la PLACE DU HAVRE.
Y de GRENELLE à la PORTE SAINT-MARTIN.
Z de GRENELLE à la BASTILLE.
AB de PASSY à la PLACE DE LA BOURSE.
AC de la PETITE-VILLETTE aux CHAMPS-ÉLYSÉES.
AD du CHATEAU D'EAU au PONT DE L'ALMA.
AE de VINCENNES aux ARTS-ET-MÉTIERS.
AF du PANTHÉON à la PLACE COURCELLES.
AG de MONTROUGE au CHEMIN DE FER DE L'EST.
AH de MONTMARTRE à la BASTILLE.

Omnibus sur rails (voie ferrée), pl. du Palais-Royal.

PARIS. — IMP. JULES LE CLERE ET Cie, RUE CASSETTE, 29.

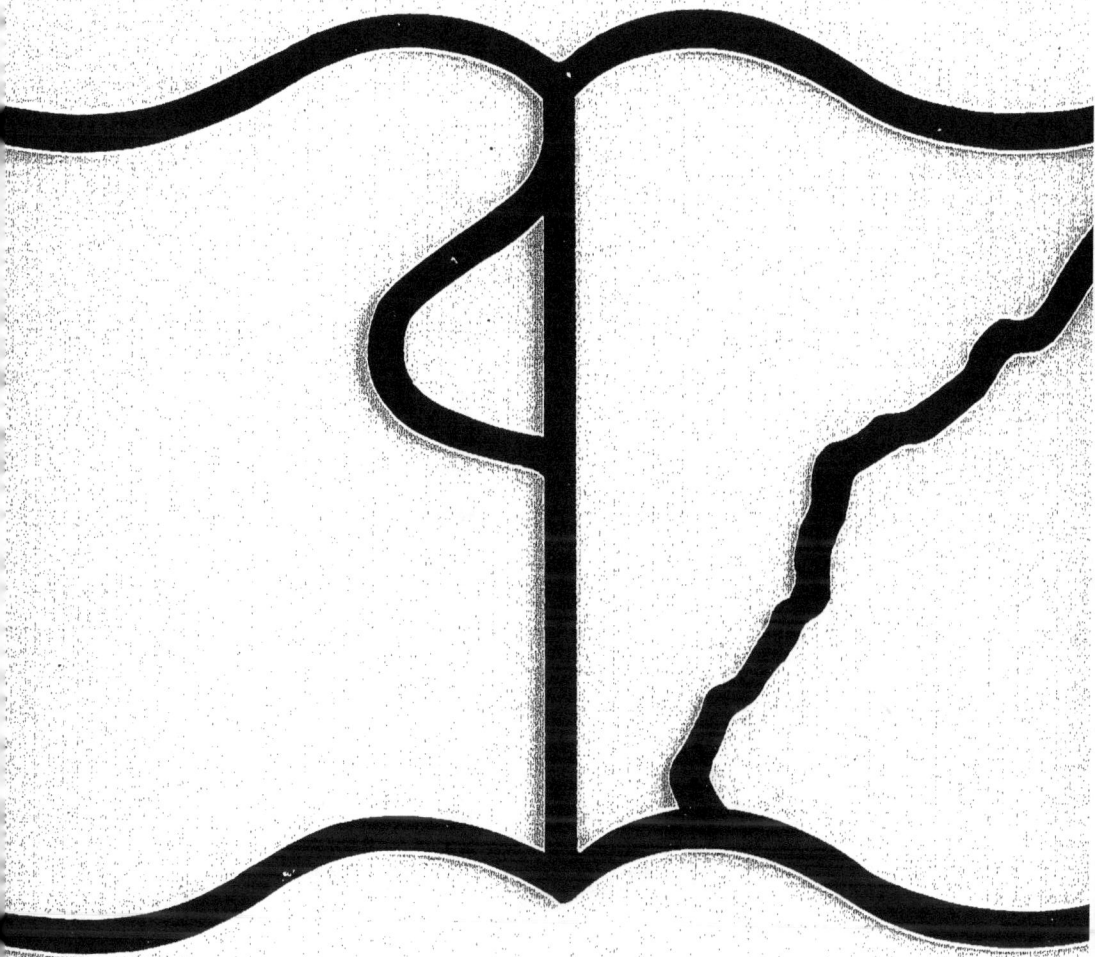

Texte détérioré — reliure défectueuse

NF Z 43-120-11

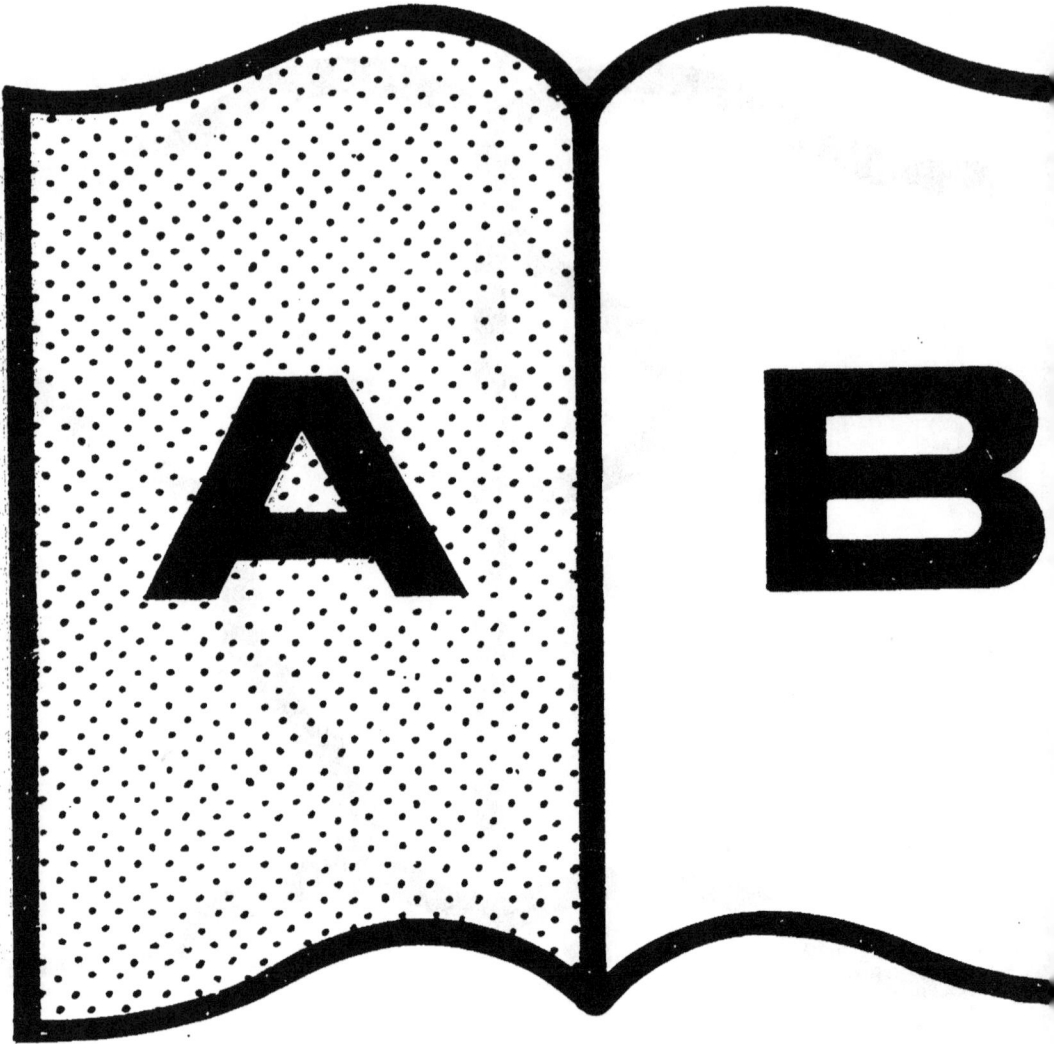

Contraste insuffisant

NF Z 43-120-14

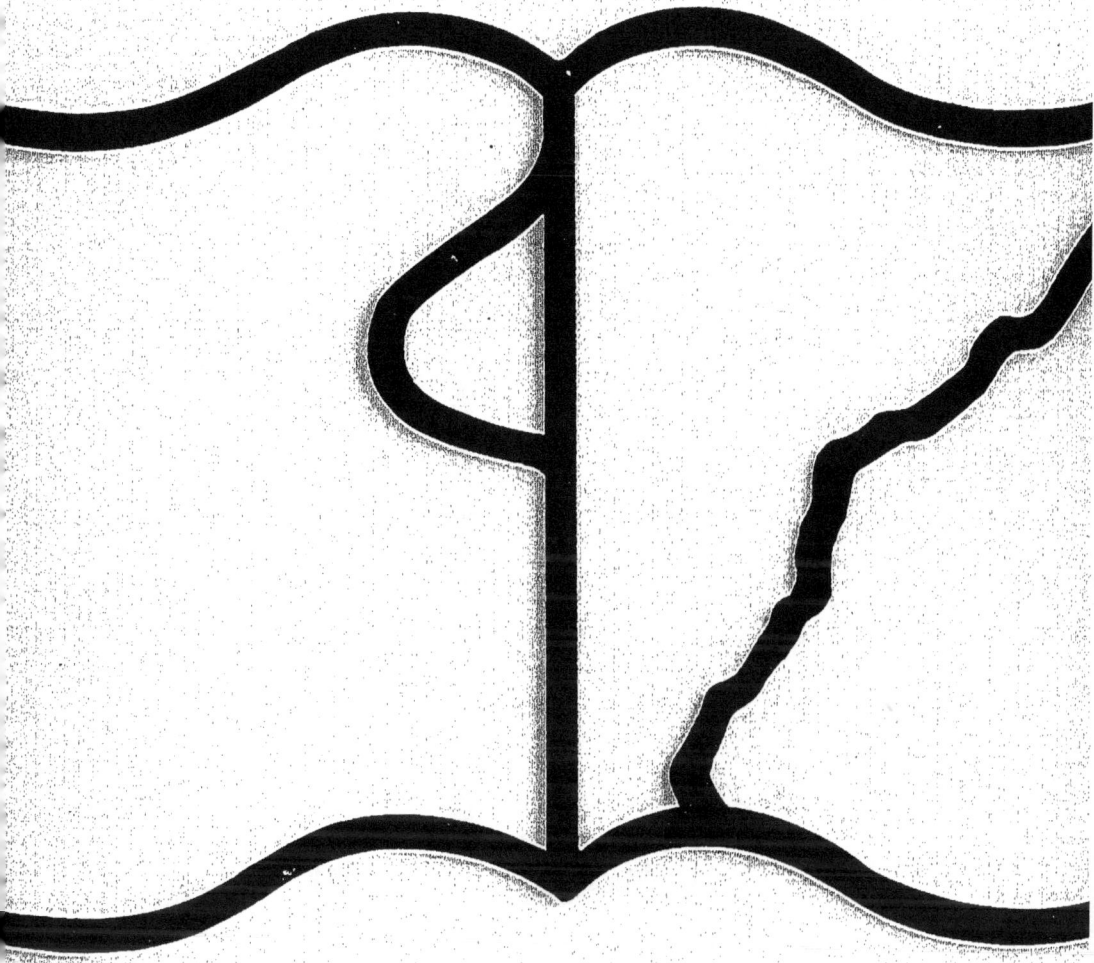

Texte détérioré — reliure défectueuse

NF Z 43-120-11

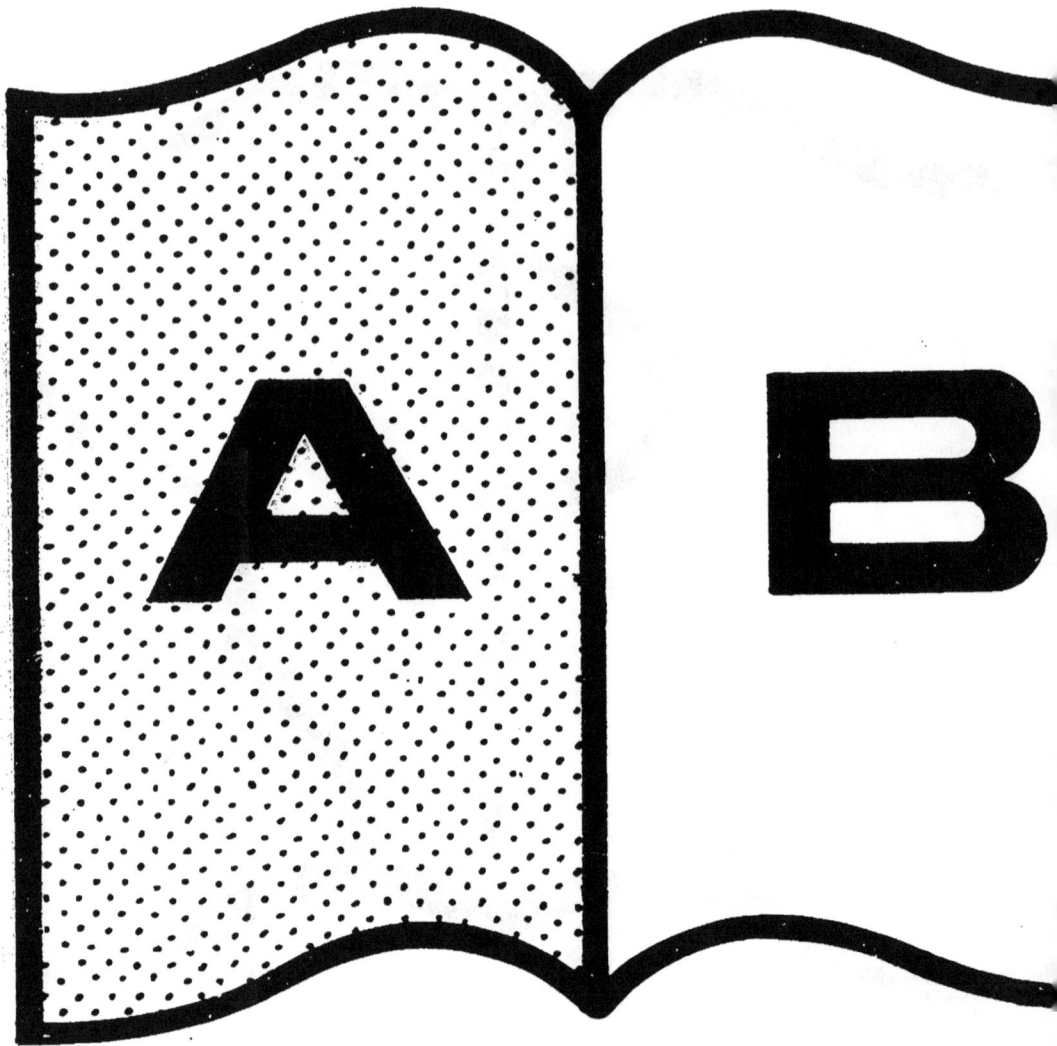

Contraste insuffisant

NF Z 43-120-14

www.ingramcontent.com/pod-product-compliance
Lightning Source LLC
Chambersburg PA
CBHW051715090426
42738CB00010B/1920